# David Livermore, Ph.D.

# VANTAGENS DA INTELIGÊNCIA CULTURAL

PARA VENCER OS DESAFIOS DE UM MUNDO GLOBALIZADO

Tradução de
GABRIEL ZIDE NETO

1ª edição

best.
business

RIO DE JANEIRO – 2015

CIP-BRASIL. CATALOGAÇÃO NA FONTE
SINDICATO NACIONAL DOS EDITORES DE LIVROS, RJ

L761v   Livermore, David, 1980-
      Vantagens da inteligência cultural / David Livermore; tradução
Gabriel Zide Neto. – 1ª ed. – Rio de Janeiro: Best Business, 2015.
14 × 21 cm.

      Tradução de: The Cultural Intelligence Difference
Inclui bibliografia
ISBN 978-85-68905-05-0

      1. Liderança – Estudos interculturais. 2. Comportamento organizacional –
Estudos interculturais. 3. Administração – Estudos interculturais.
4. Comunicação intercultural. 5. Orientação intercultural. I. Título.

CDD: 658.4092
15-20856
CDU: 65:316.46

*Vantagens da inteligência cultural*, de autoria de David Livermore.
Texto revisado conforme o Acordo Ortográfico da Língua Portuguesa.
Primeira edição impressa em julho de 2015.
Título original norte-americano:
THE CULTURAL INTELLIGENCE DIFFERENCE: MASTER THE ONE
SKILL YOU CAN'T DO WITHOUT IN TODAY'S GLOBAL ECONOMY

Copyright © 2011 David Livermore. Publicado por AMACOM, uma divisão
da American Management Association, International, Nova York. Todos os
direitos reservados.

Proibida a reprodução, no todo ou em parte, sem autorização prévia por
escrito da editora, sejam quais forem os meios empregados.

**Nota do editor:** A edição brasileira não inclui o item *Taking the CQ Self-
Assessment* [Teste sua Autoavaliação de IC] contido no capítulo 2 da
edição original norte-americana, pois este texto traz uma senha de acesso
individual ao leitor. Para qualquer dúvida, consulte o site oficial do autor:
davidlivermore.com

Design de capa: Sérgio Carvalho.

Direitos exclusivos de publicação em língua portuguesa para o Brasil
adquiridos pela Best Business um selo da Editora Best Seller Ltda. Rua
Argentina 171 – 20921-380 – Rio de Janeiro, RJ – Tel.: 2585-2000 que se reserva
a propriedade literária desta tradução.

Impresso no Brasil

ISBN 978-85-68905-05-0

Seja um leitor preferencial Best Business.
Cadastre-se e receba informações sobre nossos lançamentos e nossas promoções.

Atendimento e vendas diretas: sac@record.com.br ou (21) 2585-2002.
Escreva para o editor: bestbusiness@record.com.br

www.record.com.br

*Para Linda, Emily e Grace, minhas queridas.*

# Sumário

**Prefácio** • 11

Este livro se destina a ajudá-lo a aproveitar ao máximo o mundo global e multicultural de hoje. Você vai aprender a aprimorar sua inteligência cultural (ou IC), que é uma maneira comprovada de se dar bem em qualquer situação que envolva outras culturas.

**Parte I:** Uma introdução à IC

**1.** A IC para você • 19

Veja como a inteligência cultural é perfeita para você não apenas sobreviver às exigências absurdas de um mundo globalizado, mas também prosperar nele.

**2.** Um resumo da pesquisa • 41

As pesquisas mais importantes que os acadêmicos do mundo inteiro fizeram sobre a IC e por que ela comprovadamente vai aumentar seu rendimento.

## Parte II: Estratégias para aprimorar a IC

**3.** Vontade de ter IC • 59

Aumente sua motivação para os desafios que normalmente acompanham as relações e o trabalho entre várias culturas.

**4.** Conhecimento de IC • 90

Amplie seu conhecimento com relação a culturas e conheça ideias criativas para continuar aprendendo sobre diferenças e semelhanças culturais, onde quer que você esteja.

**5.** Estratégia de IC • 135

Melhore sua capacidade de saber o que está acontecendo numa situação intercultural e como se planejar apropriadamente.

**6.** Ação de IC • 175

Incremente seu repertório de comportamentos para várias situações pessoais e profissionais que envolvam diversas culturas.

## Parte III: Considerações finais

**7.** O poder da IC • 209

Veja como a IC está ajudando pessoas e empresas a conquistarem seus objetivos, enquanto faz do mundo um lugar melhor para se viver.

**Epílogo • 235**

Transforme as ideias deste livro em realidade. Não é fácil, mas os resultados valem todo o esforço. Utilize a IC para descobrir as possibilidades que o esperam no mundo sem fronteiras dos dias de hoje.

**Notas do autor • 239**
**Agradecimentos • 251**
**Recursos • 253**

# Prefácio

O fator número um para prever seu sucesso no mundo sem fronteiras de hoje em dia não é o QI, o currículo, ou mesmo a expertise em um determinado assunto. A inteligência cultural, IC, é uma habilidade poderosa que gera um aumento na eficácia das pessoas ao trabalharem em situações culturalmente diferentes. É algo que todo mundo pode aprender ou incrementar. Uma pesquisa realizada em mais de trinta países nos últimos dez anos mostrou que pessoas com IC bem alta são mais capazes de se adaptar às situações complexas e imprevisíveis da vida e do trabalho no mundo globalizado atual.[1]

A IC é a habilidade de atuar de maneira eficiente em diversos contextos culturais — inclusive nacionais, étnicos, organizacionais e entre gerações. É uma maneira completamente nova de lidar com questões antigas, como sensibilidade cultural, racismo e eficiência em outros países. E vai abrir um mundo de possibilidades para você. O objetivo deste livro é melhorar sua IC. Seja bem-vindo!

Nunca saí da América do Norte até o fim do ensino médio, mas, desde muito pequeno, sempre me senti intrigado pelas diferenças entre culturas. Meus pais se mudaram do Canadá para os Estados Unidos pouco antes de eu nascer.

## 12 | VANTAGENS DA INTELIGÊNCIA CULTURAL

Durante o ano, atravessávamos a fronteira várias vezes para visitar meus primos e avós. Eu ficava impressionado com aquela outra moeda, as diferentes maneiras de falar e a comida além das cataratas do Niágara. Depois que entrei no jardim de infância, meus colegas dos Estados Unidos achavam graça quando eu dizia "mã" ou "ei", enquanto meus primos canadenses me acusavam de ser um norte-americano atrevido que brandia a bandeira em cima deles. Com um patriotismo juvenil, eu respondia: "Pelo menos a gente não se curva mais para a rainha!"

Anos depois, tive o privilégio de viajar pelo mundo. A emoção de entrar em um avião já havia passado há muito tempo, mas a de chegar ao desconhecido, não. Poucas coisas fazem minha adrenalina aumentar como explorar um lugar novo, passear pelas ruas, saborear a comida local e absorver o máximo de conhecimento possível. Como todo mundo que já viajou para o exterior, cometi uma quantidade bem grande de erros e gafes culturais. Mas essa é uma das melhores maneiras que encontrei de trabalhar e me relacionar com as pessoas de outros países.[2]

A inteligência cultural, no entanto, vai muito além de descobrir novas línguas, comidas e moedas. Ela atinge o âmago das nossas crenças e convicções. Minha trajetória de um lar canadense-americano para viagens pelo mundo tem sido muito divertida e compensadora. A jornada de repensar minha fé, meus ideais e opiniões, por sua vez, foi bem mais penosa e desnorteadora, apesar de também ter trazido diversas recompensas, à sua maneira.

Assim como tantos outros, fui criado com uma visão muito isolada do mundo. O círculo social da minha família era resumido por relacionamentos com quem se parecesse conosco, que tivessem as mesmas crenças religiosas, a mesma perspectiva política e que definissem o sucesso e o fracasso de determinada maneira. Estávamos convencidos de que percebíamos o mundo do jeito certo.

No entanto, quanto mais encontrava pessoas que encaravam a vida de outro modo, mais eu desconfiava de que o nosso jeito não era o único de interpretar a realidade. Comecei a pensar: "Será que não podemos continuar tendo os mesmos valores sem considerar automaticamente que o nosso jeito é o mais correto?"

Hoje tenho 43 anos. E aquela categorização simplista de "nós" contra "eles" não funciona mais. Tenha certeza de que, para mim, é uma viagem que nunca tem fim. Não posso conceber o mundo sem ter um conjunto universal de regras morais, sejam elas a preservação da vida, o modo de criar os filhos ou a necessidade de prender opressores. Porém, quanto mais conheço a diversidade do mundo, mais me sinto desafiado a reconsiderar a forma como cheguei aos meus pontos de vista. Não estou falando de uma mera tolerância protocolar, do tipo que se curva para tudo o que ouve. Em vez disso, é preciso termos um debate rigoroso e estarmos realmente abertos a ouvir as ideias e perspectivas alheias. A IC é mais do que uma simples técnica de como trabalhar com outras culturas. Ela modifica a maneira como eu dou aula, cuido dos meus filhos, vejo o noticiário, discuto diversos assuntos, trabalho com meus colegas e lido com meus amigos.

Procurei escrever um livro que fornecesse técnicas simples para aumentar a IC, coisas que todos nós podemos utilizar e colocar em prática. Mas eu estaria mentindo se não reconhecesse que, por baixo dessas estratégias, é preciso haver a disposição de passar por uma transformação de como enxergamos a nós mesmos, as pessoas que encontramos e o

## 14 | VANTAGENS DA INTELIGÊNCIA CULTURAL

mundo como um todo. Essas mudanças levam muitos anos para acontecer e podem ser desorientadoras, frustrantes e dolorosas. Entretanto, os benefícios acabam sendo muito maiores que os custos.

\* \* \*

No capítulo 1, teremos uma rápida introdução sobre como a inteligência cultural vai ajudar você a se sair bem em meio aos desafios e demandas de um mundo que se globaliza cada vez mais rápido. O capítulo 2 fará um resumo da pesquisa sobre a IC e suas origens.

Os capítulos 3 a 6 lhe darão dezenas de estratégias comprovadas para incrementar sua inteligência cultural. Os livros anteriores sobre o tema, inclusive os meus, se concentraram em mostrar *o que é a IC*. Este aqui trata *do que fazer para melhorá-la*. Todas as estratégias desses capítulos foram fundamentos que utilizei na minha própria vida e que me beneficiaram. Mas não é apenas por isso que você deve prestar atenção nesse assunto. Elas são importantes porque surgiram a partir de uma pesquisa rigorosa, realizada por acadêmicos de diferentes países.

O capítulo 7 descreve o poder da IC, resumindo os vetores principais dessa abordagem e compartilhando algumas histórias inspiradoras sobre pessoas e organizações que estão explorando o poder dela em seus empreendimentos multiculturais. Um número cada vez maior de líderes e empresas utiliza essas descobertas para aumentar a eficiência em atingir seus objetivos financeiros e também como uma maneira de transformar o mundo em um lugar melhor. Isso é o que me convida a dedicar tanta energia à missão da inteligência cultural. De fato, acredito que, se fizer uso das estratégias descritas neste livro, você não só vai sobreviver aos desafios do mundo do século XXI como também vai prosperar e desfrutar de possibilidades que estão apenas esperando para serem descobertas, em uma época de constante mutação. É a inteligência cultural fazendo a diferença!

Bem-vindo ao emergente campo da inteligência cultural — uma maneira completamente nova de ver o mundo.

DAVID LIVERMORE
Grand Rapids, Michigan, Estados Unidos

# Parte I

# Uma introdução à IC

Falar de inteligência cultural pode parecer um conceito excessivamente intelectualizado. Ele se baseia em anos de pesquisas realizadas por acadêmicos em muitos lugares do mundo. Mas é muito fácil entendê-lo, e suas descobertas oferecem benefícios para todos.

Nos dois capítulos seguintes, será mostrado como a inteligência se liga a você e aos seus interesses. E algumas descobertas dessas pesquisas vão explicar como uma IC maior melhorará seu desempenho em qualquer tópico que você se disponha a empreender nesse mundo sem fronteiras.

# 1. A IC para você

O sucesso no mundo globalizado atual exige um talento para se adaptar a uma série de situações culturais. O senso comum já concretizou isso há décadas. Porém, apenas nos últimos anos as universidades descobriram uma maneira comprovada de quantificar e desenvolver esse talento: a *inteligência cultural*, definida como a habilidade de trabalhar com eficiência em contextos culturais diferentes. Os mais distintos indivíduos estão descobrindo essa nova gama de possibilidades. Para melhorá-las, porém, é necessário comprometimento e uma boa dose de disposição. E pode ficar tranquilo: as recompensas valem todo o esforço.

O mundo está cada vez menor. Hoje em dia, estamos mais conectados ao resto do mundo do que em qualquer outro tempo. Há cinquenta anos, era possível passar a maior parte da vida rodeado de pessoas que compartilhavam das mesmas crenças e da mesma visão do mundo. Ainda há aqueles que conseguem viver assim, mas a maioria trabalha com pessoas que têm aparência, pensamentos e crenças radicalmente

## 20 | VANTAGENS DA INTELIGÊNCIA CULTURAL

diferentes dos nossos. Aprendemos que não precisamos ser iguais às pessoas com que convivemos, porém nossa eficiência e nosso sucesso vão depender muito da capacidade de se adaptar a diversos contextos culturais. Quando aprendemos a interagir com respeito e eficiência com gente de outras culturas, atingimos uma verdadeira mina de ouro de oportunidades para o desenvolvimento pessoal e profissional.

As novas realidades desse mundo cada vez mais globalizado já foram bem documentadas em livros como *O mundo é plano*, de Thomas Friedman, e *Um só mundo*, de Peter Singer. A maioria das pessoas já sabe que a globalização e a conectividade estão avançando a toda velocidade. Aqui vão alguns exemplos:

- Um bilhão de vistos de turismo são emitidos todos os anos, e esse número não para de crescer.[1]
- A General Electric calcula que 60% de seu crescimento pelos próximos dez anos virá do mundo em desenvolvimento, bem mais do que os 20% dos últimos dez anos.[2]
- 49% das crianças norte-americanas de até 5 anos são de etnias diferentes.[3]
- Em breve, a China será o país com o maior número de pessoas que fala inglês.
- 67% de todas as receitas de viagens aéreas internacionais são geradas pelas companhias aéreas da Ásia e do Oriente Médio, e esse percentual cresce a cada ano.[4]
- Mais de um milhão de universitários estuda no exterior.
- A cada ano, 4,5 milhões de norte-americanos participam de missões religiosas internacionais.[5]

Duvido que você fosse ler um livro sobre inteligência cultural se já não estivesse convencido de toda a nossa conectividade global e multicultural. A diferença é que este livro é sobre você e sua vida neste mundo sem fronteiras. Até que ponto você possui as habilidades necessárias para prosperar nesse mosaico cultural? Por que alguns se dão tão bem enquanto outros se dão tão mal em matéria de eficiência intercultural?

O sucesso neste ramo tem pouco a ver com seu QI (quociente de inteligência) ou sua IE (inteligência emocional). Ele vai depender, principalmente, da sua IC. Todos têm algum quociente de inteligência cultural, e é possível aprimorá-lo. Este livro permitirá que você compreenda sua IC e mostrará as estratégias mais recentes e comprovadas para aperfeiçoá-la.

## O que é inteligência cultural?

Repetindo: *a inteligência cultural é a capacidade de atuar com eficiência em diversos contextos culturais,* sejam eles étnicos, geracionais ou organizacionais. A IC tem semelhanças com algumas abordagens sobre competência cultural, mas difere das ligações específicas sobre pesquisas de inteligência. O resultado é que a ênfase não se trata apenas de entender as diferentes culturas, mas também está ligada à solução de problemas e em descobrir quais adaptações são úteis nos vários cenários culturais. Ao utilizar a abordagem da "inteligência", o modelo da IC reconhece que as interações multiculturais vividas também são *experiências pessoais e individualizadas,* em vez de apenas tratar das diferenças existentes entre alemães e coreanos. Mesmo que você e eu tivéssemos a mesma formação cultural, viríamos a experi-

## 22 | VANTAGENS DA INTELIGÊNCIA CULTURAL

mentar as situações interculturais de maneiras diferentes, dependendo de quem somos como indivíduos.

A IC é uma habilidade abrangente que pode levá-lo a qualquer lugar. Você pode se beneficiar dos insights que ela traz mesmo na primeira vez que se depara com determinada cultura, ao contrário do que vemos em abordagens que enfatizam em tudo o que se deve ou não fazer em cada cultura específica. Pode utilizar a IC para se relacionar melhor com seus vizinhos e colegas que vêm de outras partes do mundo ou para aumentar as chances de seu meme virar uma mensagem global que percorre o planeta. Não se conquista uma IC alta da noite para o dia, mas qualquer um pode chegar lá.

Nos últimos dez anos, a maioria dos debates sobre IC ficou enterrado nas revistas acadêmicas. Alguns desses estudos foram realmente fascinantes — mas, infelizmente, a população geral nunca chegou a vê-los. Por exemplo, um dos estudos descobriu que uma pessoa com múltiplas experiências de trabalho internacionais, mesmo que relativamente breves, costuma ter a IC maior do que a de uma pessoa que passou anos morando no exterior, mas apenas em um ou dois lugares.[6] E estudos neurológicos descobriram que o cérebro é acionado de maneiras diferentes, a depender das experiências interculturais de determinada pessoa — o que afeta o modo como ela encara os problemas que precisam ser resolvidos em seu emprego.[7] Esse tipo de descoberta traz implicações importantes sobre como as pessoas e as organizações vão maximizar as oportunidades globais. Examinaremos outras descobertas nos capítulos a seguir.

Nos últimos anos, a IC se tornou mais conhecida pelo grande público. Um número cada vez maior de líderes de empresas, ONGs e governos está percebendo os benefícios desse enfoque baseado na inteligência para se adaptar a pessoas vindas de diferentes culturas. E muitas empresas, agências governamentais e universidades estão explorando a diferença que a IC faz para atingir bons resultados. Alguns exemplos específicos serão mostrados no capítulo 7.

Sua inteligência cultural é composta de quatro habilidades diferentes.

1. **A vontade de ter IC (motivação)** é seu *interesse e confiança em operar de maneira eficiente em ambientes culturalmente distintos.* Isso muitas vezes é esquecido. Sem uma vontade incisiva de encarar os desafios que inexoravelmente acompanham as situações multiculturais, a chance de obter êxito será pequena.

2. **O conhecimento de IC (cognição)** trata do seu *conhecimento sobre o quanto uma cultura é parecida ou diferente das outras.* Isso não significa que você tenha que ser expert em todas as culturas que for encontrar — exigiria muito esforço e seria impossível. Em vez disso, pergunte-se até que ponto você compreende algumas das diferenças culturais mais importantes e o impacto que elas exercem na sua vida e na dos outros.

3. **A estratégia de IC (metacognição)** se refere *à maneira como você compreende as diversas experiências interculturais pelas quais passa.* Isso acontece quando você julga o próprio raciocínio e o das outras pessoas. Será que você consegue fazer planejamentos eficazes, à luz das diferenças culturais?

4. **A ação de IC (comportamento)** é a *capacidade de adaptação de seu comportamento, adequando-o às diferentes culturas.* Isso inclui contar com um repertório flexível de respostas compatíveis com situações diversas, ao mesmo tempo em que continua sendo fiel a si mesmo.

## 24 | VANTAGENS DA INTELIGÊNCIA CULTURAL

Juntas, essas quatro habilidades compõem o quociente geral de inteligência cultural. Ao ler as quatro descrições, qual delas pareceu ser a mais forte para você? E a mais fraca? Aqui vão mais algumas informações sobre o modelo ideal.

## O que seria uma pessoa de grande inteligência cultural?

Apesar da origem acadêmica, a inteligência cultural é muito fácil de entender. Todo mundo pode melhorar a própria IC, e eu quero ajudá-lo a ter êxito na busca daquilo que é mais importante para você, no nosso mundo sem fronteiras. Ter uma IC alta não significa exibir um comportamento irreparável nos diversos cenários interculturais. Muito pelo contrário. A personificação de uma IC alta são pessoas com um sentido muito forte da própria identidade cultural. Elas sabem quem são e em que acreditam, mas estão igualmente interessadas em descobrir isso nos outros. Aqueles que têm IC alta dispõem de uma visão integrada do mundo e apreciam tanto as semelhanças quanto as diferenças entre as pessoas. Em vez de se sentirem ameaçados pelo o que não lhes é comum, procuram ver o que podem aprender com elas.

Aqui vai uma maneira de ver a progressão de uma IC baixa (1,0) para uma IC alta (5,0).

> **1,0** — Você reage aos estímulos externos (o que ouve e o que vê em um novo contexto cultural) e faz um julgamento baseado naquilo que isso significa no seu próprio contexto cultural.
>
> *Por exemplo:* Você percebe que algumas pessoas ficam em silêncio durante uma reunião e acredita que elas

estão "dando um gelo" para mostrar o quanto estão aborrecidas.

**2,0** — Você começa a reconhecer outras regras culturais. E se sente motivado para aprender mais sobre as diferenças entre as duas culturas.

> *Por exemplo:* Você percebe que algumas pessoas ficam em silêncio durante uma reunião e se pergunta se, naquela cultura, esse silêncio tem o mesmo significado que tem na sua.

**3,0** — Você começa a incorporar novas regras culturais ao seu modo de pensar. Já é capaz de explicar de que forma as diferentes culturas determinam o modo como as pessoas respondem às mesmas circunstâncias.

> *Por exemplo:* Você percebe que algumas pessoas ficam em silêncio durante uma reunião e decide investigar se esse silêncio não seria uma forma de respeito, como acontece em algumas culturas.

**4,0** — Você ajusta e adequa seus pensamentos e seu comportamento a outras regras culturais.

> *Por exemplo:* Você percebe que algumas pessoas ficam em silêncio durante uma reunião e procura saber a opinião delas sobre determinado assunto — acreditando que elas podem achar desrespeitoso responder, se isso não for pedido.

**5,0** — Você ajusta automaticamente seu modo de pensar e de se comportar ao receber as indicações apropriadas, às vezes até de maneira inconsciente.

## 26 | VANTAGENS DA INTELIGÊNCIA CULTURAL

> *Por exemplo:* Você percebe que algumas pessoas ficam em silêncio durante uma reunião e, quase sem pensar, oferece outras opções de se posicionarem sobre determinado assunto. No seu subconsciente, você sabe que aquela cultura costuma usar o silêncio como demonstração de respeito.

Ninguém deixa de cometer erros em relações interculturais. E, francamente, os erros que cometemos costumam ser as melhores escolas para aumentar nossa IC. Com experiência e esforço, podemos nos encaminhar para uma IC de nível 5,0. É quando começamos a incorporar uma série de comportamentos e estratégias no modo como trabalhamos com pessoas de formações culturais diferentes. À medida que você for aumentando a IC, vai conseguir interpretar o comportamento dos indivíduos de culturas diferentes como se fosse um *insider*.

É mais fácil perceber uma IC baixa porque é mais interessante falar sobre as mancadas que as pessoas cometem. Por exemplo, a Dairy Association [Associação dos Produtores de Laticínios] fez uma campanha de marketing muito bem-sucedida nos Estados Unidos com o slogan "Got milk?" ("Tem leite?"). Infelizmente, quando a campanha foi exportada para o México, a tradução foi equivalente a "Você está amamentando?".[8]

Pessoas com IC baixa farão pouco da influência arrebatadora que a cultura exerce sobre elas mesmas e sobre os outros. Elas podem se utilizar de abordagens excessivamente simplistas na hora de trabalhar com outras culturas e se valer de frases do tipo: "Gente é tudo igual. Um sorriso e uma gentileza dão certo em qualquer lugar." Além do mais, muitos líderes empresariais com níveis baixos de IC se utilizam de abordagens primárias e despreparadas em relação à enorme gama de forças culturais com que se deparam — quem deve ser designado para um posto no exterior, como criar uma cultura mais inovadora, como ampliar a atuação da empresa nos mercados emergentes, como ler as tendências da própria cultura, as políticas de RH etc.

Um nível baixo de IC é a principal razão pela qual as empresas continuam a perder milhões de dólares quando resolvem expandir seus negócios para mercados de outras culturas. Isso explica por que muitas organizações filantrópicas são expulsas de países em desenvolvimento, pois se mostram incapazes de lidar com as autoridades locais diante de atrocidades como Aids ou tráfico de pessoas. Em todos os setores, a globalização vai avançando em uma velocidade sem precedentes, e, mesmo assim, 70% de todos os programas internacionais dos governos, empresas e instituições filantrópicas costumam ser caros e ineficientes.[9] Mas isso não precisa ser assim.

Pessoas dotadas de alto nível de IC contam com um repertório de estratégias e comportamentos que as orientam ao se depararem com atitudes e pontos de vista que lhes parecem estranhos. Quando algo aparentemente esquisito ou fora do comum acontece, elas dispõem de um aparato mental que lhes permite distinguir se aquilo pode ser explicado pela cultura ou se é algo específico daquela pessoa ou organização. Com uma IC aprimorada, você conseguirá, quando se deparar com novas situações culturais, refletir profundamente sobre o que está acontecendo (ou o que *não* está acontecendo) e fazer os ajustes necessários sobre como deve compreender, relacionar-se e se comportar em situações em que, de outra maneira, ficaria perdido. Por exemplo:

## 28 | VANTAGENS DA INTELIGÊNCIA CULTURAL

- Professores dotados de IC alta aprendem a ajustar sua didática, sua avaliação e suas estratégias de feedback na hora de trabalhar com alunos de formações culturais diferentes.
- Gerentes de recursos humanos com altos níveis de IC têm mais sensibilidade para saber como lidar, por exemplo, com o pedido de um funcionário muçulmano de faltar a um congresso de vendas durante o Ramadã.
- Hospitais administrados por líderes culturalmente inteligentes são mais eficazes para tratar pacientes estrangeiros, e sofrem menos processos judiciais e cometem menos erros nos diagnósticos desses pacientes.
- Alunos com um alto nível de IC que estudam ou fazem trabalho voluntário no exterior adquirem mais benefícios a longo prazo nessa experiência.
- Liberais e conservadores com altos níveis de IC atenuam os comentários generalistas e provocadores que fazem uns sobre os outros, procurando entender a posição do interlocutor e aprendendo onde é que estão as verdadeiras diferenças, em vez de criar polaridades artificiais e sensacionalistas.

Esse tipo de adaptação envolve um conjunto complexo de habilidades, calcadas em uma maior inteligência cultural. Todos podem incrementar a própria IC. Não é algo que aconteça automaticamente, mas, com certo esforço, é possível experimentar vários benefícios aumentando a sua.

## Quais os benefícios de aumentar sua IC?

Alguns talentos como inteligência cultural e emocional costumam ser menosprezados como habilidades não muito práticas, com poucos benefícios tangíveis no mundo real. Líderes empresariais dotados de pouca IC podem ver uma discussão sobre cultura como algo extremamente distante do trabalho burocrático que determina a sobrevivência da empresa. Um líder militar ingênuo pode acreditar que a inteligência cultural exerce pouco impacto em uma missão estratégica. Alunos de intercâmbio podem ver as conversas com os locais como irrelevantes para seus objetivos. Essas atitudes os impedem de perceber as diferenças brutais e absolutamente relevantes que existem para aqueles que têm como prioridade aumentar a IC.

No entanto, um número cada vez maior de pessoas está descobrindo a vantagem competitiva que advém com o incremento da IC. Pesquisas científicas mostram que os resultados mais previsíveis com o aumento da inteligência cultural são:

- Melhor adaptação a outras culturas
- Melhoria no desempenho profissional
- Maior bem-estar pessoal
- Maiores lucros

Vamos examinar esses benefícios mais a fundo.

### *ADAPTAÇÃO A OUTRAS CULTURAS*

A maioria dos interesses, profissões e causas do século XXI exige adaptações a diversas culturas. Essa demanda vai crescer de maneira exponencial pelos próximos dez anos. Qual é a sua paixão?

## 30 | VANTAGENS DA INTELIGÊNCIA CULTURAL

- *Negócios?* Algumas das oportunidades mais lucrativas estão em novos mercados no exterior e exigem sinergia e motivação de equipes de trabalho com indivíduos de diferentes culturas.
- *Investimentos?* A sensibilidade para lidar com outras culturas é uma enorme vantagem para aproveitar ao máximo a economia globalizada.
- *Lecionar?* As salas de aula estão cada vez mais cheias de alunos heterogêneos que precisam se preparar para a vida em um mundo globalizado.
- *Liderança?* Existem poucas atitudes de um líder que não são formadas pela cultura, incluindo a projeção de sua visão, o gerenciamento de pessoas e o desenvolvimento de um plano estratégico.
- *Fazer do mundo um lugar melhor?* Independente de a sua causa ser a prevenção da Aids, os direitos dos animais ou a sustentabilidade ambiental, as atividades filantrópicas precisam mais do que nunca de adaptabilidade a outras culturas.

A música, o esporte, a religião, a tecnologia, a ciência, as pesquisas, a agricultura, a política, o cinema, a educação familiar... É difícil pensar em alguma atividade no mundo de hoje que não envolva a necessidade de interagir e de se adaptar a situações e a pessoas de formações culturais diferentes. E quanto maior for sua inteligência cultural, maiores as chances de você se ajustar com êxito às culturas que vier a encontrar em suas atividades.[10]

A propósito, a inteligência cultural tem mais a ver com o sucesso que você terá nas relações interculturais do que idade, sexo, lugar de moradia, QI ou inteligência emocional. As situações interculturais são cheias de ambiguidades. No geral, nem mesmo percebemos quando foi que um problema surgiu, ou entendemos o que está de fato acontecendo. A IC desenvolvida dá a motivação, a compreensão e a estratégia necessárias para lidar com a incerteza. Às vezes, as pessoas pensam que não podem se dar bem em situações multiculturais porque foram criadas em um contexto monocultural ou porque já são "velhas demais".

Mas isso não é verdade! Todos podemos melhorar nossa IC, que, uma vez desenvolvida, tem muito mais chance de contribuir para a adaptação a outras culturas do que a idade ou o local de nascimento.[11] Tanto homens como mulheres podem ter o mesmo êxito em situações multiculturais. Sua eficiência será resultado mais da IC do que do gênero. E, mesmo que você nunca tenha sido um dos primeiros da turma, pode acreditar: a IC é mais capaz de prever seu sucesso nos trabalhos e relações interculturais do que seu QI ou suas realizações acadêmicas. A inteligência emocional é um bom indicador do seu sucesso ao trabalhar com pessoas que tenham a mesma formação cultural que a sua, mas a IC é um indicador muito melhor de como você vai se sair com os colegas de formações culturais diferentes — o que será uma realidade inevitável para todos em pouco tempo.

Um dos motivos pelos quais você terá mais chances de sucesso com uma IC desenvolvida se deve à contribuição dela para o aumento da flexibilidade. Se algum dia você já participou de um treinamento intercultural, deve ter ouvido falar na necessidade de ser flexível. Mas é raro termos a chance de fazer um treinamento específico para aprendermos como nos adaptar. Em vez disso, ficam repetindo essas palavras como se fossem um mantra: "Seja flexível. Espere pelo inesperado. Seja flexível e ainda mais depois."

Tudo bem. Mas como?

## 32 | VANTAGENS DA INTELIGÊNCIA CULTURAL

À medida que a IC aumenta, surge uma correlação direta na capacidade de adaptação a várias situações e ambientes em que as premissas, os valores e as tradições são diferentes daqueles com os quais estamos mais acostumados. As pesquisas, por exemplo, mostram que as pessoas com inteligência cultural mais alta trabalham com mais eficiência em equipes multiculturais do que líderes com IC mais baixa, portanto têm mais êxito em desenvolver ambientes de cooperação com indivíduos de diversas culturas. Nas próximas décadas, esse tipo de adaptabilidade será uma característica inegociável para todos os administradores.[12]

Um dos aspectos da vida em um mundo que se globaliza tão depressa é a necessidade de ter algum talento para se conectar com respeito e eficiência a pessoas e a situações de diferentes culturas. É uma exigência dos tempos atuais. Uma IC desenvolvida o ajudará a ser mais produtivo em qualquer que seja sua atividade.

> **Observação da pesquisa:** A relação entre a IC e o ajuste de uma pessoa a outra cultura foi muito maior do que a relação entre idade, experiência, gênero, origem ou QI e o êxito ao lidar com outras culturas.[13]

### DESEMPENHO PROFISSIONAL

Uma IC mais desenvolvida também traz boa vantagem para enfrentar o mercado de trabalho saturado. Mesmo que determinado cargo não exija viagens ao exterior, os diretores e os departamentos de RH estão percebendo a importância de ter funcionários culturalmente perspicazes, que sejam dinâmicos ao cumprir o desafio de servir

DAVID LIVERMORE | 33

uma base de clientes do país de origem ou do exterior, e também de se tornarem participantes ativos de equipes formadas por diversas culturas. Os empregadores estão descobrindo que funcionários que possuem IC elevada não apenas são mais eficientes ao lidar com outras culturas, como também mais maleáveis e inovadores enquanto desempenham suas tarefas em seus próprios contextos culturais.

Um número cada vez maior de empresas está aferindo a inteligência cultural dos candidatos a emprego, bem como dos funcionários já existentes. Dezenas de estudos acadêmicos descobriram as ligações entre uma IC desenvolvida e um melhor desempenho no trabalho. Alguns dos resultados mais importantes para pessoas com IC mais alta apareceram nas seguintes áreas:

- *Tomada de decisão.* Um dos motivos pelos quais a inteligência cultural aumenta seu desempenho no trabalho é que ela ocasiona melhor julgamento e melhor tomada de decisão. Pessoas que lideram por instinto e que seguem a maré intuitivamente são geralmente pegas de surpresa em situações que trazem resultados inesperados ao trabalharem com outras culturas. Pessoas com IC mais alta são melhores ao se antecipar, gerenciar riscos e tomar decisões que envolvam dinâmicas interculturais complexas. A inteligência cultural o ajudará a tomar decisões melhores.[14]
- *Negociação.* A capacidade de negociar com culturas diferentes costuma aparecer como uma das competências mais importantes no ambiente de trabalho global dos dias de hoje. Pessoas com alto nível de IC obtêm mais sucesso quando negociam com outras culturas do que

## 34 | VANTAGENS DA INTELIGÊNCIA CULTURAL

aqueles dotados de IC mais baixa. Ao se deparar com uma ambiguidade na comunicação com outra cultura, se você dispuser de uma IC mais alta, terá mais chances de insistir e fazer um esforço para chegar a uma conclusão em que os dois lados saiam ganhando — mesmo na ausência daquelas pistas que o ajudam a negociar em um ambiente mais conhecido. Uma inteligência cultural desenvolvida lhe dará melhor compreensão de como ler as dicas não verbais durante uma negociação e o deixará mais atento sobre como motivar uma pessoa ou empresa que venha de outra cultura.[15]

- *Networking*. A capacidade de fazer contatos é um dos talentos mais procurados no ambiente de negócios dos dias de hoje. Pessoas que são capazes de criar relacionamentos bem-sucedidos com outras e com empresas que se estendam a fronteiras geográficas, culturais e étnicas são muito procuradas e valorizadas. A inteligência cultural vai incrementar sua capacidade de se relacionar com eficiência em vários contextos. O antropólogo Grant McCracken diz aos seus colegas do tempo do *baby boom*: "O que vale são os contatos, seu idiota!" Ele afirma: "A minha geração tratava a empresa como uma fonte de segurança. [A geração Y] encontrou outra fonte de segurança. Enquanto elas tiverem a sua rede de contatos, o local de trabalho será muito menos importante."[16] A rede de contatos é a moeda que importa no ambiente de trabalho global. Operações militares que necessitem do esforço de paz de várias nações, assim como empresas que dependem de fusões e aquisições criativas para crescer, funcionam melhor sob o comando de pessoas capazes de criar redes multiculturais. Uma IC desenvolvida o ajudará a fazer isso.[17]

- *Liderança global eficaz*. Finalmente, os administradores dos dias de hoje precisam contratar, motivar e desenvolver funcionários provenientes de diversas culturas. Mesmo que você não almeje um papel de liderança absoluta, sua função pode exigir que você consiga influenciar e desenvolver com eficiência equipes com participantes oriundos de várias culturas. Com um nível mais alto de IC, você terá mais chances de expandir a confiança e liderar com eficácia tanto grupos de diversas culturas quanto projetos no seu próprio país ou espalhados pelo mundo.[18]

> **Observação da pesquisa:** Empresas e organizações querem contratar pessoas com alto nível de IC, porque esse tipo de funcionário é melhor na hora de tomar decisões, negociar, fazer contatos e liderar no mundo globalizado atual.[19]

## BEM-ESTAR PESSOAL

Aumentar seu nível de inteligência cultural é uma forma comprovada de ampliar sua satisfação pessoal e seu bem-estar geral, especialmente ao lidar com situações culturalmente diversas. Quando você aumenta sua inteligência cultural, tem menos chances de ficar exausto diante das constantes demandas geradas pelas interações multiculturais. Todos gostamos de cumprir bem nossas tarefas. O cansaço e o estresse são desafios inevitáveis que acompanham os encontros interculturais, por isso qualquer coisa que ajude a reduzir a fadiga e o estresse é bem-vinda.

Um aumento da IC ajuda a diminuir o estresse dos indivíduos que interagem regularmente com um grande

36 | VANTAGENS DA INTELIGÊNCIA CULTURAL

número de situações interculturais. Pessoas como agentes de imigração, funcionários de centros de refugiados, executivos com o costume de fazer viagens rápidas de negócios e assistentes sociais que trabalham em contextos urbanos estão sempre sob uma imensa carga de estresse devido aos desafios contidos no trabalho intercultural. Profissionais com IC elevada são menos propensos a se exaurirem com esse tipo de trabalho do que aqueles dotados de uma mais baixa. Por exemplo, muitos executivos que fazem viagens rápidas de negócio precisam entrar e sair de vários lugares diferentes a cada mês. É impossível dominar todas as regras adequadas para as culturas com que se deparam, mas, com a inteligência cultural, uma boa dose de respeito e vigor faz com que seja possível. Muitos administradores trabalham o dia inteiro tentando fazer pontes entre as diversas culturas e terminam o dia mentalmente exaustos depois de atuar como intérprete entre várias subculturas étnicas, geracionais e profissionais. Os que tiverem IC mais alta ficam menos estafados devido a encontros interculturais.[20]

Funcionários com níveis de IC mais altos também relatam mais alegria com viagens ao exterior e de trabalho que aqueles munidos de níveis mais baixos. Essas pessoas não apenas conseguem sobreviver, como também apreciam os desafios revigorantes e os insights que surgem no trabalho com outras culturas. A IC não só trará menos estresse; ela também aumentará a satisfação pessoal gerada ao aprender a ser fiel a si mesmo, respeitar os outros e cooperar para atingir uma meta importante.

DAVID LIVERMORE | 37

> **Observação da pesquisa:** Pessoas com níveis mais altos de IC relatam um volume maior de diversão e satisfação com as relações e trabalhos interculturais do que aquelas dotadas de uma IC menor.[21]

## *LUCRATIVIDADE*

Finalmente, à luz de todos esses outros benefícios da inteligência cultural, não é surpresa encontrarmos uma ligação entre ela e a lucratividade. As pessoas que se ajustam melhor às relações interculturais e que se saem melhor em questões fundamentais — como tomar decisões, negociar e fazer contatos — ajudam suas organizações a gastar menos e ganhar mais. Consequentemente, a IC aumenta a lucratividade.

Um estudo analisou especificamente o papel da inteligência cultural no lucro das empresas. Elas participaram de um programa de IC com duração de 18 meses que envolvia treinar e contratar pessoas, além de traçar estratégias à luz do conceito de IC. Das empresas pesquisadas, 92% viram o faturamento aumentar no período de 18 meses, e todas identificaram na inteligência cultural um papel significativo para o aumento dos lucros.[22]

Empresas líderes de mercado, como o banco Barclays, o Lloyds TSB e a Levi Strauss, adotaram a inteligência cultural em seu modelo de negócios e viram o aumento do fluxo de caixa, a melhoria da administração de custos e a progressão da margem de lucro. É claro que esses resultados não se limitam às gigantes. Pequenas empresas, universidades, organizações de caridade e entidades governamentais observaram ganhos semelhantes como resultado da im-

## 38 | VANTAGENS DA INTELIGÊNCIA CULTURAL

plementação da inteligência cultural em suas operações domésticas e internacionais.

Muitos executivos percebem os benefícios de contratar, promover e recompensar indivíduos com alto nível de IC. Em média, pessoas com maior inteligência cultural ganham mais. A flexibilidade para atuar entre diversas culturas e a capacidade de negociar com pessoas de culturas diferentes é um talento altamente desejável. O mercado de trabalho está sempre se atualizando e vai ficar cada vez mais importante demonstrar um alto nível de IC para conquistar as posições e as oportunidades mais desejadas.[23]

---

Observação da pesquisa: 92% das empresas que adotaram a abordagem da inteligência cultural no treinamento, contratação e construção de estratégia viram aumentar seu faturamento em até 18 meses após a implementação do programa. Todas consideraram a IC um fator significativo que contribuiu para esses lucros mais elevados. Por isso, as empresas estão dando prioridade à contratação e à retenção de funcionários com índice elevado.[24]

---

Pesquisas recentes no campo da inteligência cultural apontam para muitos benefícios promissores. À medida que a IC aumenta, você passa a contar com um dos talentos mais importantes para prosperar no mundo de hoje. No fim das contas, uma IC mais alta permite que façamos do mundo um lugar melhor. O ganhador do prêmio Nobel Elie Wiesel considera o *ódio cultural* como a maior fonte de problemas entre as pessoas, em todos as épocas.[25] As disputas culturais são um fator extremamente desagregador no mundo,

DAVID LIVERMORE | 39

sejam rivalidades entre vizinhos, panelinhas nas empresas ou desavenças internacionais. A IC aponta um caminho para passarmos por cima dos muitos desentendimentos e conflitos que acompanham os encontros multiculturais.

Ken Wilber, filósofo pós-moderno, escreveu: "Não é que eu tenha que concordar com tudo o que você diz, mas eu deveria pelo menos tentar compreender, porque o contrário de um entendimento mútuo é, simplesmente, a guerra".[26] Eu não tenho interesse em promover uma cultura sem graça, sem todas as maravilhosas reentrâncias de um mundo colorido. Mas a inteligência cultural pode nos ajudar a substituir o rancor (que divide) pelo reconhecimento, o respeito e o entendimento mútuo — esse é o diferencial mais importante.

A IC se assenta em algo que é maior do que nós. Se tudo o que nos move é mais poder, mais dinheiro e mais sucesso pessoal, logo ficaremos exaustos. Porém, quando nos vemos como parte de algo que é maior do que nós, a que estamos unidos e a que temos que servir, podemos enxergar nosso papel nesse quadro mais amplo. Assim, somos munidos de mais energia para seguir em frente na difícil tarefa de trabalhar interagindo com diversas culturas. No fim, a vida é produto de questões que nos transcendem.[27]

## Seguindo em frente

A vida depende de nossa capacidade de ir adiante. As interações entre várias culturas não são de domínio exclusivo do Exército de Salvação, nem de antropólogos, missionários e diplomatas. Estamos sempre encontrando pessoas de formações culturais diversas. Por isso, os choques culturais e a

## 40 | VANTAGENS DA INTELIGÊNCIA CULTURAL

capacidade de efetivamente respeitar os outros e trabalhar juntos é uma das questões mais importantes na atualidade.

As pesquisas comprovam que pessoas e organizações com níveis mais altos de IC estão seguindo um rumo melhor. Já foi comprovado que uma IC desenvolvida fortalece a capacidade de trabalhar de maneira respeitosa e eficaz com indivíduos e situações em diferentes contextos. As pessoas dotadas de maior inteligência cultural não só sobrevivem às reviravoltas do mundo em que viemos, como até prosperam nele.

Hoje em dia, todos os lugares estão mesclados. O mundo é globalizado, e não há mais como recuar. Quando você se dispõe a aumentar sua IC, junta-se a uma comunidade de indivíduos que experimentam os benefícios gerados pelo diferencial que a inteligência cultural traz.

# 2. Um resumo da pesquisa

Há vinte anos, pesquisadores confirmaram aquilo que muitos líderes empresariais já acreditavam: um QI alto não é garantia de um bom desempenho nos negócios. As técnicas que vêm da inteligência social e emocional também são necessárias. Aliás, muitos CEOs utilizaram essa pesquisa para dizer às faculdades de administração: "Parem de dar MBAs para quem tira a nota máxima, mas não sabe lidar com os outros e nem resolver problemas no mundo real!"
As empresas bem-sucedidas exigem uma boa dose de senso comum e uma capacidade de se relacionar bem com pessoas muito diferentes. Como resultado dessa pesquisa, a inteligência emocional, ou IE, virou moda de repente. Líderes de todo tipo de organização começavam a notar os dividendos obtidos ao aumentar a IE deles mesmos e de seus funcionários. Mais recentemente, resultados idênticos vêm sendo obtidos pelas corporações que abraçam a IC. Alguns argumentam que a inteligência cultural é a principal diferença entre os profissionais que se dão bem nesse mundo de mudanças rápidas

42 | VANTAGENS DA INTELIGÊNCIA CULTURAL

e os que se tornam obsoletos. A habilidade social e o senso comum apreendidos pela inteligência emocional não se traduzem automaticamente em uma performance de sucesso quando aplicados a outras culturas. Por exemplo, a mesma coisa que alivia uma reunião mais tensa ou que gera confiança pode ter o efeito oposto em outro contexto cultural. A inteligência cultural começa onde a inteligência emocional termina. Ela guia líderes e equipes através das curvas sinuosas de uma economia frenética e globalizada.

Como já dissemos, a inteligência cultural não é apenas um rótulo mais novo e incrementado para a competência cultural. É uma maneira única de abordar os desafios e as oportunidades multiculturais presentes no mundo de hoje, uma técnica que se ampara em uma pesquisa realizada em dezenas de países. Este capítulo fará uma breve introdução sobre a pesquisa que serve de apoio para o diferencial que a inteligência cultural traz.

## No início

A principal indagação por trás da pesquisa da inteligência cultural é: *Por que algumas pessoas e organizações conseguem participar e sair de diversas culturas com facilidade e eficiência, e outras, não?* É uma questão que há muito tempo interessa aos pesquisadores acadêmicos. Boa parte desse longo estudo moldou a compreensão que tenho sobre eficiência intercultural. Por exemplo, utilizo com frequência as contribuições cruciais do trabalho de Milton Bennett sobre identidade e desenvolvimento intercultural, assim como a obra de Hall, Hofstede, Schwartz e Trompenaars sobre dimensões culturais.[1] Um dos problemas, todavia, é a falta de conexão entre os diversos modelos interculturais e as medições. Como devemos escolher um deles, e como é que eles se relacionam entre si?

Em geral, a safra intercultural tem sofrido do que os acadêmicos chamam de falácia do "achômetro" — quando perspectivas tecnicamente comprovadas se misturam com observações pessoais dos indivíduos e habilidades que podem ser aprendidas, com traços inerentes a uma personalidade.[2] Sem uma estrutura abrangente amparada em pesquisas, haverá pouca concordância sobre como se deve aferir e incrementar a competência cultural. Com isso, a validade das respectivas aferições e intervenções passa a ser extremamente suspeita.[3] Além do mais, a maioria das abordagens interculturais se concentra em conhecimentos comparativos, em que se parte do princípio que, ao ensinar às pessoas as diferenças entre franceses e tailandeses, isso se traduzirá em uma capacidade de trabalhar de forma eficiente com os dois grupos. Só que não é tão simples assim. O conhecimento cultural e a consciência global, por si só, não se traduzem em adaptabilidade intercultural ou em bons resultados. É necessária uma abordagem mais holística.

Soon Ang, da Universidade Tecnológica de Nanyang, em Cingapura, é uma das pioneiras na pesquisa da inteligência cultural. Ang começou a pensar seriamente na questão da eficiência e adaptabilidade intercultural quando era consultora de empresas e se preparava para o Bug do Milênio — a bomba relógio que deixou todo o mundo apreensivo com o que aconteceria quando os computadores fizessem a virada de 1999 para 2000. Em 1997, a professora Ang dava consultoria a várias empresas para atrair os melhores profissionais de TI do mundo e ajudar a resolver o temido colapso

## 44 | VANTAGENS DA INTELIGÊNCIA CULTURAL

tecnológico. Logo no início do trabalho, ela percebeu que os programadores mundiais eram pessoas tecnicamente competentes, mas que não conseguiam trabalhar em equipe.

O QI é um indicador importante no desempenho profissional na área de TI por causa dos complexos processos mentais envolvidos na codificação e na programação. A expertise técnica dos especialistas em TI para escrever os códigos é uma parte fundamental de seu sucesso. Mas, mesmo com as empresas mandando seus técnicos mais inteligentes e tecnicamente competentes para o projeto do Bug do Milênio, surgia um nível incomum de inconsistência nos resultados atingidos pelos diversos funcionários. Indianos e filipinos concordavam na melhor maneira de fazer uma programação, mas acabavam escrevendo códigos diferentes. A empresa juntou seus talentos mais brilhantes no campo da TI, porém pouca coisa era realizada, e o tempo, literalmente, estava se esgotando!

Algumas empresas tentaram lidar com esse desafio fazendo treinamentos sobre formas de trabalho, inteligência emocional e inteligência social. A princípio, essa tática pareceu ajudar um pouco, mas os conflitos ainda eram grandes. A inteligência prática e emocional ajudava os especialistas em TI a resolver problemas em suas próprias culturas, mas isso não se traduzia automaticamente no que eles poderiam fazer em situações culturalmente desconhecidas, ou com colegas de culturas diferentes.

Em consequência desse enorme desafio com que Ang e seus clientes se deparavam, ela começou a trabalhar com seu colega Christopher Earley para criar uma nova habilidade no local de trabalho — que acabaria se tornando a IC.

## UM RESUMO DA PESQUISA INTERCULTURAL

O processo começou com o estudo das principais teorias e modelos interculturais, inclusive os de Hall, Hofstede, Schwartz e Trompenaars. A maioria dessas abordagens se concentra em aumentar o conhecimento prévio sobre as diferenças culturais, como por exemplo saber como a maioria dos alemães encara o tempo e a construção de uma relação de confiança, em comparação com a maioria dos japoneses. Mas o simples fato de conhecer as diferenças entre as culturas alemã e japonesa não significa que a pessoa será capaz de trabalhar bem com todos eles. Cada vez mais, nós nos deparamos com indivíduos como o meu amigo Arthur, que tem mãe japonesa, pai inglês e frequentou uma escola holandesa enquanto morava na Indonésia. Que cultura eu deveria estudar para entendê-lo? As abordagens existentes não nos fornecem subsídios para lidar com esse tipo de complexidade, que se torna cada vez mais comum. Algo mais era necessário para lidar com os problemas que surgiam no novo ambiente de trabalho intercultural.

## UM RESUMO DA PESQUISA SOBRE INTELIGÊNCIA

Além do mais, a pesquisa sobre inteligência começou a ser analisada para que fosse possível entender sua relevância no trabalho e nas relações interculturais. É importante compreender o que era procurado em relação à inteligência. Quando você analisa livros em uma livraria perto de casa, pode ver o termo *inteligência* sendo aplicado a todo tipo de ideia. Há livros sobre inteligência financeira, inteligência de negócios, inteligência artística

# 46 | VANTAGENS DA INTELIGÊNCIA CULTURAL

— a lista não tem fim. A maioria simplesmente usa a palavra *inteligência* como uma maneira criativa para falar de determinado assunto, mas muitos não têm qualquer ligação com a definição técnica do que é inteligência — habilidades mentais, motivacionais ou comportamentais para compreender e se adaptar com eficiência a vários ambientes e situações.

A maneira mais tradicional de entender a ideia técnica do que é a inteligência é o QI, uma aferição das habilidades cognitivas de uma pessoa. Mas também há numerosas pesquisas sobre várias formas de inteligência que vão além das noções tradicionais e acadêmicas de QI.

Depois do QI, a inteligência emocional é a forma de inteligência mais conhecida. A IE é a capacidade de detectar e regular as emoções de si mesmo e dos outros.[4] Trabalhos bastante significativos também foram feitos em matéria de *inteligência social* e *inteligência prática*. A inteligência social é a capacidade de compreender e administrar outras pessoas. É saber como se comportar de maneira adequada nas interações sociais.[5] A inteligência prática é a capacidade de resolver problemas práticos, em vez de questões meramente teóricas e acadêmicas.[6] Todas essas três inteligências — emocional, social e prática — indicam nossa possibilidade de êxito ao trabalhar e nos relacionar com culturas parecidas com a nossa. Os pesquisadores perceberam a relevância desses tipos de inteligência no tocante ao desempenho profissional, mas acreditavam que algo mais ainda se fazia necessário na hora de lidar com as complexidades culturais cada vez maiores com que se deparavam as pessoas e as organizações.

## *E NASCE A INTELIGÊNCIA CULTURAL!*

A extensa pesquisa sobre as teorias interculturais e as diferentes abordagens da inteligência levou ao conceito inicial da IC — uma inteligência baseada nos mesmos fundamentos das outras, mas com foco específico nas habilidades necessárias para operar com eficácia em um mundo globalizado e interligado. A inteligência cultural complementa outras formas de inteligência e explica por que algumas pessoas são mais eficientes do que outras em situações culturalmente diferentes. Como as regras de interação social variam de uma cultura para outra, é improvável que as inteligências social e emocional se traduzam automaticamente em boa eficiência, interação e adaptabilidade intercultural. No mesmo sentido, como os desafios práticos que aparecem nas diversas culturas estão ligados a fatores regionais e culturais, um alto grau de inteligência prática não é um indicador confiável de sucesso em um novo contexto cultural.

A primeira publicação da pesquisa sobre inteligência cultural ocorreu em 2003, com o livro *Cultural Intelligence: Individual Interactions Across Cultures*, de Earley e Ang,[7] voltado para um público acadêmico. Um ano mais tarde, um artigo na *Harvard Business Review* considerou a IC como uma habilidade fundamental para obter sucesso nos negócios no século XXI. Desde então, a inteligência cultural tem chamado a atenção no mundo inteiro, em diversas disciplinas, e foi citada em mais de setenta revistas acadêmicas. A maioria dos estudos analisa o que gera a IC e testa o que faz aumentá-la.

Já existe uma série de publicações sobre inteligência cultural, e muitas oferecem insights bastante úteis sobre os desafios de trabalhar com outras culturas. Mas, da mesma maneira que acontece com outros livros que usam a palavra

# 48 | VANTAGENS DA INTELIGÊNCIA CULTURAL

"inteligência" com muita liberalidade, algumas das publicações sobre IC apresentam modelos que não têm correlação direta com a pesquisa acadêmica sobre as várias formas de inteligência. A *inteligência* foi uma espécie de rótulo que esses autores acrescentaram aos seus próprios conceitos de competência cultural. É certo que muitos desses livros têm algo de valor a oferecer. Mas é importante compreender que a expressão *inteligência cultural* não é usada de maneira consistente por todos que a ela se referem.

Mas, Earley, Ang e seus colaboradores se mostravam interessados, especificamente, em ver as habilidades interculturais como uma forma de inteligência, baseando-se na extensa pesquisa realizada por Sternberg e Detterman.[8] E essa distinção é importante pelos seguintes motivos:

- A pesquisa sobre inteligência se concentra em *habilidades aprendidas* (que podem se desenvolver através do aprendizado e da experiência), em vez de uma característica da personalidade (que é algo que não se pode mudar, porque faz parte de quem você é).
- A pesquisa sobre inteligência incorpora uma ampla gama de descobertas *tanto da psicologia como da sociologia*. As relações interculturais de um indivíduo são formadas pela personalidade e pela formação pessoal. Enfatizar uma e desconsiderar a outra pode gerar limitações.
- O campo da inteligência enfatiza a capacidade de *reformular o conceito que se tem de si próprio e dos outros*, em vez de apenas aprender sobre o comportamento e as ideias culturais.
- Basear o comportamento intercultural nas pesquisas sobre a inteligência permite uma correlação direta com os outros insights que vêm dessas pesquisas (QI, IE etc).

Quando a IC começou a aparecer, eu estava fazendo as minhas próprias investigações, que se concentravam primordialmente no estudo das viagens itinerantes de estudantes e profissionais norte-americanos, que passavam uma ou duas semanas em outros países. Essas pesquisas mostraram uma dificuldade constante dos viajantes em se ajustarem às regras culturais com que se deparavam. No entanto, a maioria tinha passado por treinamentos para lidar com outras culturas e demonstravam desejo de serem mais antenados a elas. Fiquei intrigado por que o treinamento e as boas intenções não conseguiam se traduzir em uma adaptação eficiente com outras culturas. Eu não me contentava em ser apenas mais um que tratava o "Ugly American"* sem oferecer uma solução.

Entretanto, as abordagens que eu encontrava sobre como lidar com outras culturas me pareciam pouco realistas. Elas tinham sido criadas para pessoas que iam passar muito tempo morando e trabalhando no exterior. Esses métodos se concentravam no aprendizado de uma língua estrangeira e em compreender, em minúcias, os detalhes de determinada cultura. Reconheço a importância desse tipo de método quando ele é viável, mas eu sabia que a maioria dos viajantes que observava simplesmente não tinha o tempo ou capacidade para uma preparação desse nível. Além do mais, muitos deles, como a maioria de nós, todo dia, entram e saem de inúmeras situações culturais. Por isso, eu precisava desesperadamente de outro tipo de solução.

Um colega em comum me apresentou a Soon Ang, e no mesmo instante me interessei por seu trabalho sobre a inteligência cultural. Quando comecei a estudar suas des-

---

*Termo pejorativo usado para se referir a turistas norte-americanos que não respeitam as culturas de outros povos. (*N. do E.*)

50 | VANTAGENS DA INTELIGÊNCIA CULTURAL

cobertas iniciais, sabia que era um projeto de pesquisa no qual eu estava interessado em participar. As perspectivas eram excelentes para utilizar a IC a ajudar o tipo de pessoa que eu julgava ter vocação para auxiliar. Para mim foi um privilégio ter descoberto a pesquisa sobre IC logo em seus primórdios. Senti-me privilegiado por participar de uma comunidade global dedicada a fazer avançar os estudos e a prática da inteligência cultural.

## POR QUE ESSAS QUATRO HABILIDADES?

Um dos denominadores mais comuns nas diversas formas de inteligência é um conjunto de quatro fatores complementares. Esses fatores são consistentes, independente de nos referirmos à inteligência emocional, social, prática ou cultural. Eles são a motivação, a cognição, a metacognição e o comportamento.[9] Todos estão interligados, não importa de que forma de inteligência estivermos falando. Uma pessoa que sabe (cognição) como se relacionar com outras pessoas, mas não tem a menor vontade de fazer isso (motivação), não vai atuar de maneira socialmente inteligente. E uma pessoa que consegue analisar (metacognição) profundamente uma situação prática, mas não consegue resolvê-la na vida real (comportamento), não dispõe de muita inteligência prática.

No mesmo sentido, a inteligência cultural é uma habilidade formada por esses fatores: motivação, cognição, metacognição e comportamento. As quatro habilidades de que trata este livro — a vontade de ter IC (motivação), o conhecimento de IC (cognição), a estratégia de IC (metacognição) e a ação de IC (comportamento) — não são apenas quatro ideias que eu decidi incluir com base nos meus insights ou na minha experiência. Eles se baseiam em pesquisas acadêmicas teóricas e fundamentadas sobre inteligência. Consequentemente, muitas das estratégias incluídas nos próximos capítulos não só aumentarão sua IC como também incrementarão a inteligência em outros departamentos.

## Como se mede a IC?

Depois de essa estrutura de quatro fatores ter sido desenvolvida, o próximo passo era obter feedback de outros professores de administração, psicologia, sociologia, pedagogia e antropologia, para então criar uma maneira confiável de aferir a IC. A pergunta em questão era a seguinte: *será que é realmente possível quantificar a habilidade de uma pessoa em lidar bem com outras culturas?* A Escala da Inteligência Cultural (EIC) mede a competência de uma pessoa baseada nessas quatro habilidades.[10] As provas empíricas de utilização da EIC como forma de medida válida da capacidade intercultural de alguém foram publicadas em 2007.[11]

Embora seja difícil quantificar algo tão subjetivo como a capacidade intercultural, a EIC demonstrou uma consistência surpreendente em momentos distintos, com amostras, culturas e profissões variadas. A EIC provou ser extremamente confiável (com um grau de 70%) e valorosa, além de servir como um bom indicador de sucesso nessa área. As aferições de inteligência cultural baseadas na EIC agora são usadas por líderes na administração pública e privada, assim como em instituições filantrópicas e nas universidades.

# 52 | VANTAGENS DA INTELIGÊNCIA CULTURAL

É possível fazer uma estimativa de sua própria IC, observando os eventos com essas quatro habilidades em mente. Ao analisar suas interações com outras culturas, pergunte-se quais são os níveis de motivação (vontade de ter IC), compreensão (conhecimento de IC), capacidade de planejar (estratégia de IC) e comportamento (ação de IC) que você apresenta.

Você também pode utilizar essas quatro habilidades para fazer uma rápida avaliação da IC dos outros. Qual dessas habilidades é o ponto forte deles? Qual parece ser a área em que mais precisam crescer? À medida que você observar e interagir com os outros, verá em que pontos eles são mais fortes e mais fracos e como se comparam às outras pessoas com as quais você interage.

Outras formas de avaliar a IC ainda estão sendo testadas, entre elas algumas maneiras de monitorar suas respostas visuais e neurológicas a várias imagens e situações culturais. E, além disso, dezenas de outros estudos sobre o tema estão em andamento em diversas universidades.

## Seguindo em frente

As pesquisas sobre inteligência cultural ainda estão longe do fim. Ainda há muita coisa que precisa ser estudada para entendermos o assunto e suas implicações. As universidades, os acadêmicos e os líderes industriais de muitos países trabalham juntos para descobrir a melhor maneira de aplicar a IC. Até hoje, a maioria das pesquisas se concentrou em aferi-la e desenvolvê-la nos indivíduos. Todavia, estudos mais recentes estão analisando como avaliar e desenvolver a IC em equipes e redes sociais. Será que uma empresa pode ter uma IC geral? E uma comunidade religiosa? Será que algumas cidades e regiões apresentam um grau diferente das outras? Essas são algumas das questões fascinantes que estão sendo analisadas.

Uma comunidade cada vez maior de pesquisadores e praticantes do mundo inteiro está trabalhando em conjunto para dar sequência às pesquisas e aplicações da IC. A inteligência cultural não pertence a um único indivíduo ou organização. Não tem como ser assim. As necessidades para aplicá-la são grandes demais. Ao ler este livro, você passa a ser parte desse movimento. Acima de tudo, quando aplicar essas descobertas no trabalho e nos relacionamentos, cada um de nós poderá utilizar a diferença provocada pela IC para fazer do mundo um lugar melhor para viver e trabalhar.

## Inteligência cultural x Outras abordagens interculturais

A IC é diferente de outros enfoques importantes para a competência cultural e para as interações interculturais, principalmente nos cinco seguintes aspectos:

1. *A IC é um metamodelo comprovado para trabalhar com a diversidade e os assuntos internacionais.* Uma vantagem importante do conceito de inteligência cultural é que ele se baseia em pesquisas e dispõe de uma estrutura abrangente que resume uma quantidade enorme de material e perspectivas sobre diversidade e liderança intercultural. A aferição de IC foi testada em diversas amostras, em momentos e culturas diferentes.

# 54 | VANTAGENS DA INTELIGÊNCIA CULTURAL

2. *A IC é uma forma de inteligência.* A inteligência cultural é a única abordagem de eficiência com outras culturas que se baseia explicitamente nas teorias contemporâneas sobre a inteligência. Suas quatro habilidades estão diretamente ligadas às quatro dimensões da inteligência (motivacional, cognitiva, metacognitiva e comportamental), que foram amplamente pesquisadas e aplicadas ao redor do mundo. A IC é uma forma específica de inteligência que ajuda as pessoas a operarem de maneira eficiente nas situações multiculturais.[12]

3. *A IC é mais do que um mero conhecimento.* O enfoque da inteligência cultural vai além de simplesmente enfatizar a compreensão de outra cultura. Entender as diferenças sociológicas nos valores, comportamentos e crenças é fundamental, mas se torna algo incompleto se não for complementado com a análise das dinâmicas sociais e psicológicas envolvidas quando duas pessoas interagem.

4. *A IC enfatiza as habilidades que podem ser aprendidas, em vez das características de personalidade.* Embora seja útil saber como a nossa personalidade nos predispõe e influencia nosso comportamento diante de outras culturas (por exemplo, ser introvertido ou extrovertido), isso pode nos deixar paralisados, porque é muito difícil mudá-la. A ênfase da IC, no entanto, recai sobre o que qualquer pessoa pode fazer para *aumentar* sua inteligência cultural pela educação, treinamento e experiência. A IC não é estática. Pode crescer e se desenvolver, englobando tanto os fatores culturais como individuais da maneira como você trabalha e se relaciona com comportamentos estrangeiros.

5. *A IC não é exclusiva a determinada cultura.* A inteligência cultural não se refere a uma cultura específica. Seu foco não está em dominar todas as informações e condutas para atuar bem com determinada cultura. Em vez disso, a IC se concentra em desenvolver um repertório geral de conhecimentos, habilidades e comportamentos para dar sentido à imensa quantidade de culturas com as quais nos deparamos todos os dias.[13]

# Parte II

# Estratégias para aprimorar a IC

Os capítulos seguintes são dedicados a ajudá-lo a se aprimorar nas quatro habilidades que compõem a IC. Você pode optar por ler toda essa parte primeiro, ou talvez prefira ler apenas a introdução de cada parte e então se concentrar na lista de estratégias que acompanha aquela habilidade pela qual deseja começar a trabalhar. Depois que estiver pronto para trabalhar em uma nova habilidade, pode se voltar para outra lista de estratégias. Faça como preferir.

Várias estratégias que melhoram a IC se baseiam em coisas que você já faz em outras áreas da vida (como estabelecer metas, abrir espaço para a saúde física e emocional, fazer checklists). Para se tornar uma pessoa dotada de maior inteligência cultural, não é preciso assumir todo um novo conjunto de responsabilidades. Mas é preciso, sim, ter boa vontade ao usar essas ferramentas para fortalecer seu manejo com culturas diferentes.

## 58 | VANTAGENS DA INTELIGÊNCIA CULTURAL

Nesses capítulos, você também vai encontrar histórias de como a inteligência cultural (ou a falta dela) afetam a vida real. Como todos nós, os personagens demonstram seus pontos fortes e fracos nas perspectivas que têm e em suas interações com outras culturas. No caminho, vou fazendo alguns comentários sobre como as quatro habilidades da IC se relacionam com as pessoas e os acontecimentos narrados.

# 3. Vontade de ter IC

O treinamento intercultural geralmente é a resposta-padrão para lidar com os desafios de trabalhar com outras culturas. Por mais valioso que seja aprender sobre as questões culturais, isso não fará o menor efeito se não for acompanhado de muita boa vontade e motivação para se dedicar ao trabalho duro de obter eficiência ao lidar com as demais culturas. A vontade de ter IC pergunta: *Você dispõe da confiança e da motivação necessárias para encarar todos os conflitos e desafios que inevitavelmente aparecem nas situações interculturais?* Esse é um dos ingredientes mais importantes (e esquecidos) para trabalhar de maneira eficiente com as outras culturas.

---

**Vontade de ter IC:** Até que ponto você se sente energizado e determinado ao abordar momentos culturalmente diferentes? Isso inclui sua confiança nas próprias habilidades, além do sentido que você dá às recompensas tangíveis e intangíveis que vai obter, ao trabalhar com eficiência em momentos de diversidade cultural.

*Pergunta fundamental:* Qual é meu grau de confiança e motivação para essa situação intercultural? Se não for muito alto, o que eu posso fazer para melhorá-lo?

---

## 60 | VANTAGENS DA INTELIGÊNCIA CULTURAL

Robert é um CFO, chefe do setor financeiro, afroamericano em uma empresa de telecomunicações de Indianápolis e não é novato em questões interculturais. Seus parentes mais distantes ainda ficam surpresos por ele ter rompido todas as barreiras que conseguiu. Robert galgou depressa a hierarquia até chegar a um cargo de terceiro escalão no mundo corporativo. Conheceu sua esposa, Ingrid, alemã de Munique, quando ambos estudavam na Universidade de Chicago. Robert e Ingrid formam um casal lindíssimo, com três belos filhos. Com 1,87m, ele é bem mais alto do que a esposa, porém ela foi bem mais rápida na corrida local de 10 quilômetros. Depois da faculdade, eles se mudaram para Indiana, onde Ingrid arranjou um emprego como professora de alemão numa escola em que hoje é diretora. Vinte anos depois, Robert, Ingrid e os filhos se sentem perfeitamente em casa em Indianápolis.

Robert passa as noites e os fins de semana acompanhando os jogos dos filhos nos subúrbios da cidade. Ele se sente mais à vontade entre os amigos e vizinhos de Indianápolis do que quando volta ao lado sul de Chicago para visitar a própria família. Aliás, ele sente que é cada vez mais difícil encontrar tempo para ir a Chicago visitar todo mundo.

É sexta-feira de manhã, e o dia de Robert está tomado por reuniões. Depois de malhar bem cedo, a primeira coisa que ele faz no escritório é conversar com Sarah, sua filha, pelo Skype. Sarah acabou de começar um programa de intercâmbio de seis meses e está estudando em Budapeste. Nesta manhã, ela conta que um grupo de amigas norte-americanas está planejando sair para jantar no T.G.I. Friday de lá. Ela está tentando convencer as amigas a mudar de ideia e experimentar um pouco da comida típica da Hungria, mas algumas das meninas disseram que estão precisando comer alguma coisa "normal". Além disso, sua colega de quarto tem medo de as duas irem sozinhas a um restaurante húngaro. Pelo menos, no T.G.I., elas vão saber o que estão pedindo e os garçons falam inglês. Enquanto Robert escuta Sarah, lê alguns dos e-mails que chegaram durante a noite. Diz para a filha: "Deixa disso, filha. Elas só querem comer um bom hambúrguer. Não há nada de errado nisso."

Robert tem várias reuniões marcadas para essa manhã, e as três primeiras são entrevistas para uma nova auxiliar administrativa. Na última vez que ele quis contratar uma, simplesmente deixou que o RH tratasse de encontrar a pessoa certa, e eles contrataram um rapaz. Robert tenta manter a mente aberta, mas, em pleno século XXI, ainda acha que há alguma coisa errada em ter um homem como secretário.

A primeira entrevista é com Sana, uma jovem alta, de tez azeitonada, que se mudou há pouco tempo para Indianápolis com o marido. Na entrevista, ela cobre a cabeça com um véu. Deve ser muçulmana. É uma pessoa muito articulada e tem um currículo que impressiona, mas Robert se sente pouco à vontade com ela. Ele não tem certeza se a mulher vai se encaixar na cultura da empresa. Para ele, não é fácil imaginar como será trabalhar com uma muçulmana todo dia, mas sabe que não pode falar isso *abertamente* para o departamento de RH.

Por que não pode ser mais fácil? Tudo o que Robert quer é encontrar uma funcionária competente que dê conta do serviço. A auxiliar administrativa da Ingrid é uma mãe de família que morou a vida inteira em Indiana e trabalha para ela há oito anos. Por que o RH não consegue encontrar alguém assim para ele?

## 62 | VANTAGENS DA INTELIGÊNCIA CULTURAL

Robert faz outras duas entrevistas para a vaga em questão, depois fica com cinco minutos livres antes da reunião mais importante do dia, com três executivos de uma companhia telefônica com sede no Oriente Médio. Eles estão interessados em comprar uma das unidades de negócios mais lucrativas da empresa de Robert, que disse ao CEO que eles devem pensar seriamente em qualquer oferta com um preço justo.

## O que é vontade de ter IC e o que ela tem a ver com tudo isso?

A vontade de ter IC se refere ao *seu interesse e confiança de que vai conseguir atuar com eficiência em um cenário culturalmente diferente*. Isso costuma ser esquecido quando lidamos com questões como diversidade cultural e viagens internacionais. A tendência é entrar direto no treinamento (conhecimento de IC) que ajuda as pessoas a lidarem com as diferenças culturais. Porém sem uma enorme força de vontade para encarar os desafios que inevitavelmente acompanham as situações multiculturais, você provavelmente vai experimentar um grande número de fracassos e frustrações, se tudo o que tiver for treinamento.

Há vários indicadores da vontade de Robert de ter IC, a partir dessa única e rápida cena — desde a sua falta de motivação em viajar para casa, no lado sul de Chicago, até a interação com a filha e suas premissas sobre o que seria uma boa secretária. Retornaremos todos esses pontos ao tratar das estratégias para aumentar a motivação em obter mais eficiência intercultural.

Repetindo, a vontade de ter IC faz a seguinte pergunta: *você dispõe da confiança e da motivação necessárias para encarar todos os conflitos e desafios que inevitavelmente aparecem nas situações interculturais?* A capacidade de se dedicar com afinco e determinação diante dos desafios interculturais é um dos aspectos mais novos e significativos da inteligência cultural. Estudantes de intercâmbio no exterior geralmente estão mais interessados na aventura de passar um semestre longe de casa, indo a bares e cumprindo as qualificações acadêmicas exigidas, do que em interagir com a cultura local. Funcionários de uma determinada empresa costumam encarar treinamentos de diversidade cultural de maneira apática e só participam porque são obrigados. Aqueles que vão passar um tempo em outro país estão mais preocupados com a mudança e com a adaptação da família do que em desenvolver algum tipo de entendimento sobre a cultura em que estarão inseridos.

A vontade de ter IC está relacionada ao interesse intrínseco em uma cultura diferente e à confiança de ser capaz de se relacionar da maneira mais natural e eficaz na referida cultura. Para Sarah, a cultura húngara provavelmente não é tão diferente da sua quanto para suas amigas norte-americanas por causa da origem alemã de sua mãe. Pessoas com muita vontade de ter IC se sentem motivadas a aprender e a se adaptar a ambientes culturais novos e diferentes. A confiança na própria capacidade de adaptação tem uma forte chance de influenciar a forma como se comportam ao serem confrontados com outros costumes.

Se você tiver muita vontade de ter IC, pode ser fácil se sentir frustrado com aquelas pessoas que não compartilham

## 64 | VANTAGENS DA INTELIGÊNCIA CULTURAL

da sua curiosidade e do seu interesse por outras culturas. Você conta a eles sobre uma aventura no exterior ou um novo restaurante de comida estrangeira que descobriu, e a resposta é um olhar indiferente. Lembre-se de que nem todo mundo se sente energizado pelos outros costumes. Tudo bem. É assim mesmo.

## Aferindo sua vontade de ter IC

Qual é a sua vontade de ter IC? Você se sente motivado a descobrir novas culturas e acredita que pode lidar de maneira eficiente quando trabalha e interage com elas?

---

Nível da vontade de ter IC:
Baseando-se no que você já aprendeu sobre a vontade de ter IC, em que nível você se classificaria? (circule a resposta)

*Baixo*　　　　　　*Médio*　　　　　　*Alto*

---

Já foram feitas pesquisas bastante extensas analisando a maneira como esses alicerces para a motivação influenciam a vontade geral e a determinação diante do trabalho que é interagir com diferentes culturas.[1] Veja as subdimensões descritas a seguir. Você se considera em um nível baixo, médio ou alto? Anote ao lado de cada uma.

*Intrínseca* ————————

Mostra até que ponto você demonstra interesse natural e de fato curte as experiências com culturas diferentes. Um nível alto indica que você se sente energizado e entusiasmado diante da chance de explorar culturas diferentes. Já um nível baixo indica que você não curte muito essas experiências.

*Extrínseca* ————————

Mostra até que ponto você percebe os benefícios tangíveis das interações e experiências com outras culturas. Um nível alto indica que você acredita que esse trabalho com outras culturas ajuda a gerar respeito e a acelerar seu sucesso profissional ou em algum outro campo de interesse. Um nível baixo significa que você não acredita muito nos benefícios externos das experiências multiculturais.

*Autoconfiança* ————————

Mostra seu grau de confiança em trabalhar com outras culturas. Um nível alto indica que você espera ter êxito em uma interação com outra cultura, ao passo que um nível baixo indica insegurança, e talvez até nervosismo, a respeito de qual será seu comportamento em uma situação multicultural.

Essas três subdimensões da vontade de ter IC — intrínseca, extrínseca e autoconfiança — formam a base científica para as estratégias descritas a seguir. Você verá essas subdimensões junto a uma lista de estratégias no começo da próxima seção. Nem todas se encaixam perfeitamente em uma única subdimensão, mas foram organizadas e relacionadas àquela da qual se aproximam mais. Faça uma

## 66 | VANTAGENS DA INTELIGÊNCIA CULTURAL

autoavaliação com os níveis das subdimensões da vontade de ter IC para ajudá-lo a apontar quais estratégias você deverá utilizar primeiro (provavelmente, aquelas relacionadas com a de nível mais baixo).

## Aumentando a vontade de ter IC

Esta seção traz uma lista das estratégias que irão ajudá-lo a aumentar a vontade de ter IC. Todas elas se baseiam na ciência e em pesquisas sobre a motivação para situações multiculturais. Elas partem das três subdimensões da vontade de ter IC (intrínseca, extrínseca e autoconfiança). O importante não é sair utilizando todas essas estratégias no início. Existem muitas maneiras de aumentar a vontade de ter IC. Comece com uma ou duas que mais lhe interessarem.

| | |
|---|---|
| 1. Encare seus preconceitos.<br>2. Estabeleça uma ligação com os interesses que já possui.<br>3. Tome um susto. | Intrínseco |
| 4. Visualize o sucesso.<br>5. Dê um presente a si mesmo.<br>6. Recarregue suas energias. | Extrínseco |
| 7. Mantenha o controle.<br>8. Viaje. | Autoconfiança |

## 1. ENCARE SEUS PRECONCEITOS

A que culturas você se sente naturalmente atraído? Quais fazem você se sentir pouco à vontade? É muito nobre dizer que vemos todos da mesma maneira, mas isso simplesmente não é verdade. Sempre que conhecemos alguém, nosso subconsiente o coloca na categoria de "amigo" ou "inimigo". E não adianta negar. Analise honestamente que culturas o fazem se sentir mais irritado, quais o deixam na defensiva e quais não o deixam à vontade. Uma estratégia importante para aumentar sua vontade de ter IC é admitir os preconceitos implícitos que sentimos em relação a determinados grupos de pessoas e trabalhar para superar isso.[2]

Desde o nascimento, somos treinados para ver o mundo de determinada maneira. A maior parte desse processo de socialização acontece no subconsciente. Nossos pais nos ensinam o que é "normal" e o que é "esquisito", e logo construímos um sentido de certo e errado, de sucesso e de fracasso. Nossos contatos infantis se ampliam e passam a incluir outros parentes, além da família nuclear, os vizinhos e colegas de escola, e nossa visão de mundo se desenvolve ainda mais. Mas, em geral, essas pessoas apenas reforçam o que nós já aprendemos em casa. Lá, nos ensinaram o que são boas ou más maneiras, o que significa ser homem ou mulher e como se dar bem no mundo. Depois disso, passamos a ver indicações sobre como agir e as consequências para os que não se enquadram. Quando seguimos nosso caminho pelo ensino médio e, mais tarde, na faculdade (ou no mundo profissional), continuamos aprendendo o que é legal, o que é importante e o que é correto.

## 68 | VANTAGENS DA INTELIGÊNCIA CULTURAL

A maioria de nós sente mais confiança e fica mais à vontade com as pessoas parecidas conosco. Da mesma forma, nos sentimos desconfiados e pouco à vontade com aquelas que são diferentes. Mesmo os chamados grupos "alternativos" geralmente se enquadram nos estilos e nas maneiras de outros "alternativos" daquela subcultura. Existe algo de seguro e estabilizador em estar com pessoas que têm a mesma visão de mundo que nós. Rir e reclamar juntos daquilo que nos desagrada ou compartilhar do mesmo apreço por um certo tipo de comida, de arte ou de visão do mundo podem ser ingredientes importantes para construir memórias e momentos especiais. Mas também podem reforçar ainda mais os preconceitos que sentimos por pessoas que veem o mundo de modo diferente.

Todos temos preconceitos. A questão é saber se agimos baseados neles. Uma maneira de analisá-los é fazendo os chamados *testes de associação implícita* desenvolvidos em Harvard. Esses testes expõem os preconceitos implícitos que temos em relação à cor da pele, ao peso, à idade e à religião das pessoas. E são fascinantes! Você pode vê-los no site https://implicit. harvard.edu/implicit/brazil. Os testes revelam impulsos automáticos que temos em relação a determinados grupos culturais. O objetivo é ser honesto em relação aos preconceitos, em vez de fingir que eles não existem. Apesar de nossos preconceitos internos serem automáticos, compreendê-los pode ajudar a controlar e moderar nossas interações. Podemos tomar a decisão de suspender os julgamentos preconceituosos que costumamos fazer. Toda vez que você conhecer alguém, faça um esforço para se conectar em um nível humano o mais rápido possível, em vez de simplesmente olhar à luz do contexto cultural (por exemplo, "ela é uma mãe como eu" ou "ele está se esforçando para fazer algo significativo na vida").

Voltemos à cena de abertura de Robert e Sana. Ajudaria muito se ele fizesse uma pausa e reconhecesse seus preconceitos sobre o tipo de trabalho que os homens devem fazer e o que significa trabalhar de perto com uma pessoa de religião diferente. Também há algo que subjaz à sua resistência de viajar para o lado sul de Chicago. Independente do quanto sejamos ocupados, sempre encontramos um tempinho para visitar as pessoas que são realmente importantes para nós. O primeiro passo para Robert deve ser reconhecer seus preconceitos, que por si só diminuem sua capacidade de determinar o próprio comportamento.

Preconceitos são inevitáveis. Mas trabalhar com base neles não é. Tire algum tempo para descobrir seus preconceitos implícitos. Veja como influenciam seus pensamentos e comportamentos. Na próxima vez que encontrar alguém de uma cultura contra a qual você nutre algum tipo de questionamento, faça a opção deliberada de vê-la além do estereótipo preconceituoso.

## 2. ESTABELEÇA UMA LIGAÇÃO COM OS INTERESSES QUE JÁ POSSUI

Pense num hobby que o deixe energizado. Pode ser qualquer coisa — cozinhar, malhar, moda, música, fotografia, o que for. Agora, pense em uma maneira de ligar esse passatempo a um contexto intercultural. A maioria dos nossos interesses existe, de alguma maneira, em várias culturas. Essa estratégia abrange uma área pela qual você se sente naturalmente motivado e usa essa motivação para aumentar sua vontade de ter IC. Conecte um interesse que você já tem a uma situação ou tarefa que envolva outra cultura.[3]

Se você gosta de arte, que tipo de expressão artística pode descobrir em outro contexto cultural? Se gosta de esporte, busque quais são os esportes favoritos em outro lugar e dê um jeito de participar de um evento esportivo. Se gosta de comida, as opções são quase infinitas. Se você é daqueles que respira negócios 24 horas por dia, use seu empreendimento com outra cultura para obter novos insights sobre como fazer negócios.

Eu adoro correr. E uma das primeiras coisas que faço quando chego a um lugar novo é procurar onde posso praticar. Isso não só me ajuda bastante a combater o *jet lag*, como também a captar os sons e imagens de um território diferente. Tenho uma gama de desafios totalmente diferentes quando corro num ambiente desértico, como Dubai, do que quando corro num local úmido, como Bangcoc. Correr em uma cidade é diferente de em uma trilha nos Alpes. Tudo isso ajuda a conectar um dos meus interesses pré-existentes aos lugares para onde viajo. É algo que sempre procuro quando vou para um destino novo.

Só precisamos de cuidado para não explorar culturas e pessoas diferentes unicamente para nossos objetivos egoístas. Mas, quando consideramos as outras prioridades da inteligência cultural, nossos interesses naturais podem estabelecer conexões preciosas e aumentar nossa vontade de ter IC.

## 3. TOME UM SUSTO

Existe um motivo pelo qual políticos e marqueteiros gostam tanto de usar o medo para nos motivar. Quem pesquisa sobre o cérebro diz que uma das preocupações intrínsecas de todos os seres humanos é minimizar o perigo para nós mesmos e para quem amamos. Quando você tem medo, presta atenção. O medo o deixa extremamente alerta, causando um estado imediato e profundo de atenção. Pense no que acontece quando você está dirigindo com sono por uma estrada. Se de repente passar por cima de um sonorizador no acostamento, acorda na mesma hora. Um tipo parecido de alerta acontece com muita gente na hora de falar em público. Nosso cérebro produz grandes quantidades de adrenalina quando estamos com medo.[4]

Apesar de usar o medo como tática ser algo muito popular entre políticos, jornalistas e líderes religiosos, não sou um grande fã desse recurso para motivar as pessoas. Aliás, não aprecio essa tática nem um pouco, a não ser que o perigo seja realmente verdadeiro. Mas, considerando que a segurança — seja ela física, psicológica, vocacional ou outra qualquer — tem um valor tão alto para nós, podemos encontrar maneiras de utilizar o poder intrínseco do medo para nosso próprio bem na hora de aumentar a vontade de ter IC.[5]

Felizmente, não precisamos estar diante de nenhum perigo real para experimentar o jato de adrenalina provocado pelo medo. Pense em como seu coração começa a bater forte quando você está assistindo a um filme e um ataque está prestes a acontecer. Ver o vilão se aproximar, sorrateiro, de uma vítima inocente faz o coração acelerar.

DAVID LIVERMORE | 73

O medo nos deixa em alerta mesmo que não se baseie na realidade. Um jeito de utilizá-lo medo para aumentar a vontade de ter IC é visualizar os custos de *não* se tornar mais inteligente culturalmente. Uma IC baixa faz você parecer mais ignorante, ensimesmado e sem ideia do que acontece no mundo. Pior: a ignorância cultural pode acabar custando seu emprego, fazendo com que você perca grandes oportunidades ou até mesmo colocando sua vida em risco.

Certa vez, um grupo de professores liberianos me contou sobre uma empreiteira norte-americana que chegou à Libéria para construir uma escola. Os liberianos se sentiram extremamente gratos pelo interesse e pelo investimento da equipe para ajudá-los a reconstruir o país depois de tantos anos de guerra civil. Mas, quando os norte-americanos começaram a construir a escola, os locais sugeriram que haveria um jeito mais barato de construir o teto, e que isso seria melhor para lidar com o clima tropical da região. Os construtores desprezaram o feedback "ignorante" e indesejado dos liberianos e os informaram de que já haviam feito aquele tipo de trabalho no mundo inteiro e que aquela com certeza era a melhor maneira de construir o teto. Três meses depois, veio o período das monções, o teto desabou e matou algumas das crianças na escola, além de ferir muitas outras. Ouvir e seguir os insights das pessoas de culturas diferentes não é só uma questão de interagir respeitosa e dignamente com elas. Pode ser uma questão de vida ou morte — a sua, ou a de outras pessoas.

Você pode usar o poder do medo para aumentar a vontade de ter IC. Imagine as potenciais implicações que a ignorância cultural pode trazer para sua carreira. Um número cada vez maior de organizações começou a aferir o

74 | VANTAGENS DA INTELIGÊNCIA CULTURAL

que acontece quando seus funcionários não trabalham bem com outras culturas e qual o custo disso. Entre as perguntas que fazem, estão as seguintes:

- Quantos executivos principais tiveram de lidar com o fracasso de um empreendimento feito em outra cultura? Quanto eles ganham? Tente calcular a hora de trabalho deles e veja quanto custou à empresa.
- Quantos outros funcionários tiveram que se envolver nesse fracasso? Qual foi o custo de suas horas de trabalho?
- Que oportunidades foram perdidas por causa de toda a energia que acabou sendo dirigida para tratar desse assunto?

Imagine ser visto como um fardo quando seu empregador começa a avaliar seus interesses nos mercados de outras culturas. Utilize esse medo para aumentar a motivação para trabalhar bem com outras culturas. Torne-se indispensável.

A colega de quarto de Sarah em Budapeste sente-se mais segura quando pensa em ir ao T.G.I. Friday's porque está acostumada com isso. Ela acha que os garçons vão falar inglês, e isso lhe dá uma sensação de segurança. Mas ir a um lugar desconhecido com um grupo de amigos pode ser menos ameaçador do que sair sozinha. Talvez o medo pudesse motivá-la a procurar algumas estudantes húngaras para acompanhá-las. Elas não só teriam alguém que "conhecesse as regras" e falasse o idioma local, mas isso também permitiria que os estudantes norte-americanos tivessem a chance de interagir com os habitantes locais, em vez de simplesmente observá-los de fora. Conversar com os húngaros e aprender com eles pode acabar sendo mais importante para conseguir um bom emprego depois que se formarem do que as aulas que terão em Budapeste. Reflita sobre o que é mais ameaçador para você e pense em uma maneira de direcionar esse medo para se tornar uma pessoa mais inteligente, do ponto de vista cultural.

# 76 | VANTAGENS DA INTELIGÊNCIA CULTURAL

## 4. VISUALIZE O SUCESSO

Sou um eterno otimista, por isso gosto muito mais de motivar os outros e a mim mesmo com a possibilidade de sucesso e de novas oportunidades do que com o medo. Em vez de visualizar o fracasso que pode ocorrer se você não se tornar culturalmente mais inteligente, imagine as possibilidades que podem surgir se isso acontecer.

Pense em uma situação na qual você foi bem-sucedido interagindo com alguém de formação cultural diferente. O que pôde aprender com essa experiência? Por mais simplista que isso possa parecer, o fato de "imaginar" seu sucesso com outras culturas, assim como os respectivos benefícios, pode exercer grande influência na sua vontade de ter IC. Muitas das situações que parecem muito difíceis para você não acontecem com a frequência que se imagina. Pense na situação intercultural que considera mais difícil. Por exemplo, imagine tentar negociar o preço com um cliente em potencial que praticamente não oferece feedback. Então imagine uma maneira de isso transcorrer com um resultado positivo. Visualize a cena como se fosse um filme. Os cientistas descobriram que antecipar um resultado positivo, ou qualquer coisa que o cérebro perceba como recompensa vindoura, gera energia positiva.[6]

Faça uma lista dos benefícios tangíveis que você pode obter aumentando sua IC. No capítulo 1, examinamos vários que podem advir de um maior nível de inteligência cultural (adaptação a outras culturas, desempenho profissional, satisfação pessoal e lucratividade). Releia sempre esses pontos. Imagine que você é o melhor tomador de decisões e negociador da área ou que tem a melhor rede de contatos da empresa onde trabalha. Todas essas são possibilidades realistas com uma maior IC, e ter isso em mente pode ser uma fonte poderosa de motivação.

Ao incrementar sua IC e, com isso, sua eficácia nas relações com outras culturas, você aumenta suas chances de:

- Conseguir o emprego dos seus sonhos.
- Obter uma vantagem competitiva ao ser visto como inovador.
- Fazer amizades com pessoas novas e diferentes.
- Ser o líder de uma causa nobre de seu interesse.
- Aumentar e aprofundar sua fé.
- Ganhar mais dinheiro para sustentar quem é mais importante para você.

Da mesma maneira como utilizamos o medo do que pode acontecer como resultado da ignorância cultural, visualize o sucesso que o espera ao obter maior nível de IC. Mesmo que você não se sinta naturalmente interessado em todas as questões interculturais, pense em como o trabalho duro de se dedicar à melhoria da sua inteligência cultural vai aumentar suas chances de conquistar algo realmente importante para você. Pode acabar desenvolvendo rapidamente uma vontade de priorizar a IC como forma de aproveitar algumas das oportunidades que lhe esperam.

## 5. DÊ UM PRESENTE A SI MESMO

Seja entrar em um novo programa de exercícios, livrar-se de um vício ou poupar dinheiro, os psicólogos analisam constantemente o poder das recompensas para modificar o comportamento. Com os nossos filhos, fazemos isso o tempo todo. Conseguimos que façam uma coisa prometendo um prêmio ou uma recompensa. E essa é mais uma estratégia que podemos adotar para aumentar a vontade de ter IC.[7]

Para se beneficiar disso, é preciso primeiro estabelecer algumas metas para aumentar a inteligência cultural. As metas orientam o cérebro a se mover em direção a determinado fim. Certifique-se de que sejam realistas. Do contrário elas podem acabar diminuindo sua vontade de ter IC. E não trace metas demais.[8]

Crie algumas recompensas para o dia em que cumprir essas metas. Sem elas, você acabará se sentindo tentado a abandonar a determinação necessária para aumentar a IC. Não valorize apenas as grandes realizações; premie também os pequenos passos. Se a meta é aprender cinco frases em uma língua estrangeira, premie-se assim que conseguir se lembrar de todas elas.

O ideal é que a recompensa esteja de alguma maneira relacionada à meta em si (por exemplo, aprender espanhol e jantar em um restaurante mexicano, onde vai poder fazer o pedido em espanhol). Mas, mesmo que a recompensa não esteja diretamente relacionada à meta, dar a si mesmo um prêmio por tê-la atingido é uma ótima maneira de aumentar a motivação. Premie-se com algo que reforce o comportamento desejado na próxima vez. Uma recompensa pode ser algo tão simples quanto assistir ao seu programa de TV favorito, comer seu prato predileto ou tirar alguns minutos para recostar na poltrona e se desligar do mundo. Mas deve ser uma coisa que você não faria normalmente, senão não estaria treinando para ter esse comportamento específico.

A hora mais propícia para se recompensar é imediatamente depois de realizar a tarefa específica a que se propôs. Associar boas sensações com a prática e com a aplicação da técnica fará com que toda a sua mente se dedique ao processo de aprendizagem exigido para aumentar a IC. Você pode experimentar várias recompensas até descobrir qual funciona melhor.

No fim das contas, há sempre algum desejo mais profundo, mais intrínseco e mais transcendente que nos move. O fato é que a IC não pode existir separada de um verdadeiro amor pelo mundo e pelas pessoas.[9] No âmago da inteligência cultural está o desejo de aprender com os outros e saber mais sobre eles. Portanto, nossa motivação tem que ir além das recompensas com que presenteamos a nós mesmos. Mas, à medida que nos encaixamos em coisas que são maiores que nós, unimo-nos a elas. O fato de nos presentearmos aqui e ali pode ser uma maneira importante de aumentar nossa determinação.

## 80 | VANTAGENS DA INTELIGÊNCIA CULTURAL

## 6. RECARREGUE AS ENERGIAS

Trabalhar e interagir com outras culturas é extenuante. Até as pessoas dotadas de muita inteligência cultural se sentem mais exauridas trabalhando e se relacionando com outras culturas do que fazendo o mesmo trabalho em contextos mais conhecidos. É bem provável que Robert vá precisar de energia extra para entrevistar Sana do que para entrevistar alguém mais parecido consigo mesmo. É preciso de mais foco e de um nível mais alto de energia para estar à altura dos desafios e das questões interculturais. Quando estiver envolvido em situações como essa, encontre uma maneira de recarregar suas energias. Caso contrário, as interações e o trabalho intercultural com fadiga e exaustão, sua vontade de ter IC vai sair perdendo. Nossos corpos e mentes estão sempre procurando o que é saudável e o que nos energiza.

Existem muitos recursos disponíveis que nos auxiliam a recarregar as energias em meio a uma vida tão agitada — e muitos podem nos ajudar a aumentar a vontade de ter IC. Seu bem-estar físico e mental estão diretamente relacionados à sua vontade de ter IC. Talvez a melhor coisa que você possa fazer para aumentá-la seja tirar um cochilo. Dormir bem, fazer exercícios e comer de maneira saudável são algumas das maneiras de aumentar o nível de energia. Saia para uma bela corrida, tome um café (ou sua bebida favorita) e deixe um pouco de espaço para se divertir. Jogue uma partida de golfe ou passe algum tempo com amigos ou companheiro(a). Para alguns de nós, um dia de folga em casa é a melhor maneira de recarregar a bateria, enquanto outros sentem-se mais energizados malhando pesado ou rodeados por pessoas. Tirar um tempo para cuidar do seu bem-estar físico e mental tem muitas implicações em várias frentes... Uma delas é exatamente sua capacidade de ser eficaz e resiliente nas situações interculturais.

A importância da saúde e da garra pessoal para a vontade de ter IC é ainda maior quando a atividade intercultural exige que você viaje para o exterior. Toda a trabalheira da interação com outra cultura aumenta ainda mais por causa do *jet lag* e pelo fato de estar longe de casa. Lidar com o *jet lag* é mais uma arte do que uma ciência. Você pode encontrar muitas técnicas na internet, como ajustar o relógio para a hora do destino assim que entrar no avião, não dormir à tarde, tomar muito sol, malhar bem cedo e por aí vai. Você vai descobrir o que é melhor para si mesmo. Porém, não faça pouco caso da importância do seu preparo físico e da sua força de vontade ao trabalhar e se relacionar com outras culturas. Sua energia física e mental influem na sua vontade de ter IC.

Sou um grande defensor de que devemos comer as iguarias locais e fazer uma imersão em qualquer que seja a cultura em que nos encontremos. Mas, quando passamos vários dias em um lugar estranho, é preciso comer de vez em quando algo com que já estejamos acostumados. Se você gosta de comida indiana, fazer uma refeição com bastante curry pode ajudá-lo a recarregar as baterias antes de voltar à comida local. Se for viciado em Starbucks, um lanche rápido pode ser toda a recarga de que você precisa.

Outra maneira de recarregar as energias é se desligar de propósito dos brinquedinhos eletrônicos. A possibilidade que os smartphones oferecem de estar "sempre conectado" está nos deixando exaustos e, inclusive, mais burros. Um es-

## 82 | VANTAGENS DA INTELIGÊNCIA CULTURAL

tudo da Universidade de Londres descobriu que as pessoas que estão sempre conectadas no mundo virtual sofrem uma diminuição de dez pontos no QI. Aliás, os pesquisadores concluíram que estar sempre conectado equivale a perder uma noite de sono regularmente. O problema não é o uso da tecnologia. Isso é ponto pacífico no mundo de hoje. O problema é o que ela faz com a nossa saúde mental quando nunca conseguimos nos desplugar das distrações da conectividade.[10]

Escolha algumas horas do dia para se conectar no mundo virtual e depois desligue tudo, para que o cérebro possa se concentrar profundamente. Isso traz implicações que vão muito além da vontade de ter IC, mas é uma das estratégias mais simples que você pode empregar e que vão lhe permitir canalizar esse acréscimo de energia na direção do seu trabalho com outras culturas.

Antes de condenar Robert precipitadamente por ler as mensagens de e-mail enquanto conversa com a filha, quantos de nós não fazemos exatamente a mesma coisa? E, para aqueles que se orgulham de dar cabo de várias tarefas ao mesmo tempo, as pesquisas mostram que não podemos nos concentrar de verdade em várias coisas ao mesmo tempo, não importa quem você seja. Robert não pode conversar realmente com a filha e ouvir suas questões multiculturais enquanto confere o próprio e-mail.

As coisas podem ser tão simples quanto dar uma boa caminhada, fechar o e-mail e dormir uma boa noite de sono antes de aumentar a vontade de ter IC. Talvez seja o caso até de fechar este livro e tirar um bom cochilo.

# 7. MANTENHA O CONTROLE

A maioria dos treinamentos interculturais enfatiza a importância da flexibilidade e de seguir a correnteza. Para ser sincero, concordo com a importância da flexibilidade. Mas, às vezes, levamos esse ideal longe demais e acreditamos que isso significa que não devemos planejar nada ou que não devemos tentar controlar nada do que acontece numa relação intercultural. Às vezes utilizamos a palavra "flexibilidade" como uma desculpa para a preguiça e para a falta de planejamento. A vontade de ter IC aumenta quando temos uma sensação de autonomia, que está diretamente ligada ao nível de controle que sentimos diante das circunstâncias.[11]

Há indícios que demonstram que animais e seres humanos se sentem ameaçados quando perdem o controle. Amy Arnsten, neurobióloga da Universidade de Yale, estuda os efeitos psicológicos de se sentir no comando das coisas. O cérebro funciona de uma maneira menos eficiente quando acreditamos que não temos domínio sobre algo. Por outro lado, até uma mera ilusão de controle ajuda o cérebro a ter um ótimo desempenho. A percepção de estar no controle é um indicador significativo do comportamento de uma pessoa.[12]

O estresse também é pior quando advém de uma situação inesperada e quando sentimos que não há maneira de interrompê-la. Sentimo-nos sem controle quando somos despedidos ou, pior, quando perdemos alguém que amamos... E o estresse nos enfraquece. No entanto, quando é autoinduzido, como aquele que vem de um novo programa de exercícios ou dos estudos de uma pós-graduação, ele pode acabar se tornando um motivador, porque é algo que optamos por embutir a nós mesmos.

## 84 | VANTAGENS DA INTELIGÊNCIA CULTURAL

Pode-se observar como ter controle motiva as pessoas que largam um emprego estável para abrir o próprio negócio. Muita gente toma essa decisão porque ficou farta das exigências estúpidas que os empregadores impõem. No entanto, esses empreendedores geralmente trabalham por mais tempo e ganham menos dinheiro do que quando trabalhavam para um patrão. Mas, como empresários, são capazes de tomar as próprias decisões, e o resultado é que têm uma motivação maior. Ao contrário, quando você sente que tem menos controle — por exemplo, quando está em uma viagem internacional, dependente do anfitrião para se comunicar —, costuma pensar que as circunstâncias são ameaçadoras.[13] Comece devagar. Dê uma volta sozinho. Vá a uma loja e compre um jornal sem a ajuda de ninguém. Depois, tente usar o transporte público local. Esses pequenos passos aumentam a sensação de controle, o que, por sua vez, aumenta a vontade de ter IC.

Se há uma coisa que aprendi sobre relacionamentos e experiências interculturais é que elas são extremamente imprevisíveis. Mas há muitas coisas que não são tão imprevisíveis como se imagina. Podemos nos imbuir de uma maior sensação de controle e, portanto, da vontade de ter IC ao separar um tempo para estabelecer quais serão nossas prioridades quando estivermos viajando. Isso não exige muito planejamento. Se você gosta de correr, pense em como, quando e onde encaixar isso na agenda. Se for importante se manter em contato com a família e os amigos, um pouquinho de esforço poderá ajudá-lo a descobrir como dar conta disso na maioria dos lugares sem precisar gastar uma pequena fortuna por minuto ao telefone.

A necessidade de controle é ainda maior para aqueles que vêm de culturas extremamente individualistas (ou seja, a maioria das culturas ocidentais), em que estamos acostumados a traçar nosso próprio destino. Quando você consegue optar, o estresse fica menor. Se tudo o que puder escolher for a maneira como vai responder a uma situação, esse tipo de controle já tem utilidade. Quando estiver viajando, aprenda a se virar sozinho para não ficar totalmente dependente dos outros. Quando estiver administrando e guiando os outros, encontre uma maneira de lhes dar opções, como por exemplo quando e onde comer e como traçar uma estratégia de negociação. Aumente a sensação de controle nas situações interculturais e você irá potencializar sua vontade de ter IC.

# 8. VIAJE

Como já dá para adivinhar, ter experiências frequentes com outras culturas é uma boa maneira de aumentar a vontade de ter IC. Muitas experiências com viagens e interações com outras culturas geram uma maior sensação de familiaridade, conforto e confiança nas interações subsequentes.[14] Ganhar experiência direta trabalhando, sendo voluntário ou estudando em situações interculturais, observar os outros que sabem fazer isso e aprender "na linha de frente" são algumas das maneiras mais importantes para ganhar confiança e fazer ainda mais.

As experiências interculturais, por si só, não são garantias de uma maior inteligência cultural. O simples fato de fazer alguma atividade com frequência não significa que você esteja tirando uma lição de tudo isso. Porém quando as experiências e viagens se juntam às habilidades e prioridades da inteligência cultural, elas exercem um papel significativo na hora de aumentar a vontade de ter IC e, principalmente, a confiança. Pessoas com múltiplas experiências em diferentes lugares se aproveitam mais dos benefícios das viagens para a vontade de ter IC do que aquelas que só estiveram em um ou dois locais, ainda que por muito tempo. Isso porque ter múltiplas experiências obriga você a estar sempre se adaptando e recalibrando a maneira como trabalha e se relaciona com os outros. E quanto mais experiência tiver nessa questão, maior será a sensação de confiança.

Além disso, quanto mais países você habitar por mais de um ano, maior será a ligação positiva entre essa experiência com outros costumes e sua inteligência cultural.[15] As experiências na infância exercem um papel menos importante no desenvolvimento da IC se os filhos estavam simplesmente acompanhando os pais — embora isso certamente proporcione uma oportunidade maravilhosa de conhecer o mundo quando se é bem jovem. Mas, à medida que os adolescentes e os adultos vão fazendo suas próprias escolhas em matéria de viagens, trabalho e interações com outras culturas, é mais provável que as viagens levem a um aumento da IC.[16] A confiança também pode ser construída através de experiências interculturais dentro do próprio país.

Existem muitos lugares bacanas, seguros e relativamente baratos onde você pode estudar ou passar as férias sem gastar um caminhão de dinheiro. Frequente os restaurantes locais, ande pelas ruas, faça compras nos mercadinhos e absorva o máximo que puder da referida cultura sem ser um aborrecimento para os outros. Ofereça-se como voluntário para uma ONG que esteja fazendo um trabalho de ajuda humanitária. Faça um programa de imersão em espanhol em Quito ou de mandarim em Kunming. Aceite oportunidades profissionais que o ponham em contato com pessoas de diferentes formações culturais. Todas essas experiências contribuem para aumentar sua vontade de ter IC, o que vai acentuar sua eficiência nas experiências interculturais que tiver no futuro.[17]

Sarah, a filha de Robert, viajou com a família para visitar parentes na Alemanha. Essa experiência lhe deu mais confiança para sair e ir a um restaurante local em Budapeste sem a ajuda de um habitante local. Mas ela tem que saber que as amigas não tiveram a mesma oportunidade. Seria interessante se Sarah encontrasse uma maneira de ajudá-las a utilizar melhor o tempo que vão passar lá para adquirir esses conhecimentos.

## 88 | VANTAGENS DA INTELIGÊNCIA CULTURAL

Já Robert tem que analisar melhor seus preconceitos implícitos sobre que profissão é própria para que sexo e sobre as diferenças religiosas. Em vez de ver a diferença de uma colega de trabalho como ameaça, ele deveria pensar nos benefícios que isso traria a ele, pessoalmente, e à empresa. Se a empresa deseja se expandir para mercados diferentes, vai precisar de informações de pessoas como Sana, a mulher que Robert entrevistou. Robert poderia estar muito melhor preparado para uma reunião com executivos do Oriente Médio se tivesse uma companheira de trabalho como ela. Uma força de trabalho culturalmente diversificada aumenta a capacidade da empresa de atender as oportunidades e demandas de um mundo globalizado.

Quando formos conhecer Sana mais de perto, também veremos ver as maneiras como a vontade de ter IC influencia seu comportamento. Ela acabou de deixar a rede familiar que tinha em Detroit, onde morava com o marido. Apesar de Indianápolis só estar a algumas horas de distância, trata-se de uma subcultura muito diferente. Sua necessidade de arranjar um emprego pode ser a motivação mais forte para ela aumentar sua vontade de ter IC.

Sarah, a filha de Robert, tem que saber que possui um nível de confiança com outras culturas muito diferente do de suas amigas. Em vez de se sentir frustrada ou ser a guia delas pela Europa, ela poderá ajudá-las a aumentar a vontade de ter IC atenuando um pouco o medo que têm do desconhecido e ajudando-as a ver os benefícios de conhecer a cultura local de Budapeste.

## Aumentando sua vontade de ter IC

Muitas dessas estratégias motivacionais se aplicam a vários aspectos de nossas vidas. Pense em quais você deve acionar para aumentar sua motivação e sua confiança em situações que envolvam outras culturas.

Identifique duas estratégias pelas quais você possa começar a aumentar a vontade de ter IC.

| | |
|---|---|
| ☐ 1. Encare seus preconceitos.<br>☐ 2. Estabeleça uma ligação com os interesses que já possui.<br>☐ 3. Tome um susto. | Intrínseco |
| ☐ 4. Visualize o sucesso.<br>☐ 5. Dê um presente a si mesmo.<br>☐ 6. Recarregue as energias. | Extrínseco |
| ☐ 7. Mantenha o controle.<br>☐ 8. Viaje. | Autoconfiança |

Por qual delas você vai começar? E quando?

# 4. Conhecimento de IC

Uma das melhores maneiras de lidar com as ambiguidades com que nos deparamos nas situações multiculturais é aprendendo mais sobre as diferenças entre as culturas. Apesar de esse tipo de compreensão não ser sinônimo de eficiência intercultural, é uma parte fundamental para ao menos atenuar a confusão que costuma ser causada por esse tipo de trabalho. O conhecimento de IC faz a seguinte pergunta: *Você dispõe da compreensão cultural necessária para trabalhar de maneira eficiente com outras culturas?* Um aumento do conhecimento de IC pode incrementar consideravelmente sua eficácia em inúmeras áreas da vida.

---

**Conhecimento de IC:** Refere-se até que ponto você compreende o papel que a cultura exerce no modo como as pessoas pensam e se comportam, e o quanto percebe as semelhanças e as diferenças entre as diversas culturas.

*Pergunta-fundamental:* Qual é o entendimento que preciso ter sobre as várias culturas para ser mais eficaz ao me relacionar com elas?

---

Sana nasceu na região de Detroit. Seus pais chegaram aos Estados Unidos, vindos do Iêmen, no final dos anos 1960 para estudar na Universidade de Michigan. O pai dela conseguiu um bom emprego, e eles acabaram ficando. Vários outros parentes também foram morar na região. No mês passado, Sana foi pela primeira vez ao Iêmen. Ela e Haani passaram uma "lua de mel atrasada" no Oriente Médio e visitaram os parentes de Haani na Jordânia e, depois, a família dela no Iêmen. Terminaram a viagem passando alguns dias em Dubai, antes de voltarem aos Estados Unidos e se prepararem para a mudança para Indianápolis.

Caminhar pelas ruas de Sanaa e Amã — capitais do Iêmen e da Jordânia, respectivamente — foi uma experiência surreal para Sana. Pela primeira vez na vida, ela se viu rodeada de pessoas fisicamente parecidas consigo. Sentiu-se praticamente em casa. Mas, em outros aspectos, era como se fosse a mais absoluta *outsider*. Todos tentavam descobrir quanto dinheiro ela possuía, suas posturas religiosas e o que pensava sobre a política externa dos Estados Unidos. Depois de sofrer tantos anos em casa com o estereótipo dos árabes, agora ela se sentia como o próprio estereótipo de uma norte-americana. Em seu último dia no Iêmen, todas as tias de Sana se sentaram com ela e disseram que ela precisava repensar sua mudança de Michigan para a nova cidade (Indianápolis). Uma delas ralhou: "Como é que você e Haani vão abandonar suas famílias desse jeito? Não está certo, Sana. Para nós, é uma vergonha imensa. Vocês estão se comportando como dois infiéis."

Infiéis? Pois ela e Haani estavam muito animados com a mudança para Indianápolis. Era a chance de montar um lar inteiramente novo para os dois. Estavam se mudando porque Haani ganhara uma bolsa de dois anos para trabalhar como pesquisador em uma grande indústria farmacêutica. Apesar de a bolsa ser de baixo valor, ele sabia que era um posto muito cobiçado. Sana concordou em arranjar um emprego estável para sustentar o casal. Conseguir um bom emprego não é algo que a preocupe muito, porque ela sempre foi bem-sucedida no que se propôs a fazer. Mas passar por entrevistas é uma experiência nova para ela. Antes da mudança, chegou a trabalhar com o pai, no consultório odontológico dele, em Michigan.

Nessa manhã, Sana está sendo entrevistada para o cargo de auxiliar administrativa em uma companhia telefônica. Ela chega cinco minutos antes do horário marcado, mas tem que esperar meia hora até que Robert, o CFO, convoque-a à sua sala. Enquanto espera, percebe que todos se vestem de modo informal. A recepcionista fala: "Você vai adorar essas sextas informais!"

Sana acha que as pessoas aqui em Indianápolis se preocupam muito mais com o fato de ela cobrir a cabeça do que em Detroit.

Quando Robert chega para cumprimentá-la, Sana se pergunta por que ele está de terno e gravata, se aquela era uma "sexta-feira informal". Ela o cumprimenta, meio confusa, e ele passa os primeiros minutos da entrevista falando sobre a filha, que está estudando em Budapeste. *Igualzinho ao meu pai*, pensa. *Tão orgulhoso da filha...*

Pelo canto do olho, Sana vê uma plaquinha que diz: NÃO É UMA RELIGIÃO. É UM RELACIONAMENTO. Nessa hora, Robert comenta: "Seu currículo diz que você é bilíngue. Devo dizer que você fala inglês muito bem. Há quanto tempo mora nos Estados Unidos?"

Robert recua um pouco quando ela responde: "A vida inteira."

No fim da entrevista, Sana diz: "Meu marido gostaria de conhecê-lo. Posso dar seu telefone?"

DAVID LIVERMORE | 93

Pela primeira vez na entrevista, Robert fica sem saber o que falar. Finalmente, responde: "Vamos ver como o processo irá se desenrolar. Se você for chamada para uma segunda entrevista, aí a gente conversa sobre isso."

Robert tem 15 minutos livres antes da próxima entrevista, e assim pega a pauta para a grande reunião de hoje, sobre a possível aquisição a ser feita por uma companhia do Oriente Médio. Ao pensar nisso, ele se pergunta se existe alguma maneira educada de levantar a questão que sua amiga Sharon comentou durante um café, na semana passada. Quando Robert falou, em sigilo, que eles talvez vendessem uma das unidades de negócio para uma bem-sucedida empresa do Oriente Médio, Sharon alertou: "Tome cuidado. As regras de negócios lá são diferentes das daqui."

Ela contou sobre uma vez em que seu colega Alvin, que era gerente em Cingapura da empresa para a qual ela trabalhava, foi enviado ao Oriente Médio para montar um novo polo regional de negócios.

Quando Alvin chegou ao Oriente Médio, vindo de Cingapura, foi direto ao serviço de imigração para cuidar das licenças necessárias para montar um negócio por lá. Alvin estava bem-vestido para falar com o funcionário da imigração. Ele completou o formulário sem qualquer rasura e entregou os documentos e as respectivas guias de pagamento ao funcionário. Mas não ofereceu nenhum dinheiro a mais para cuidar de toda a papelada. E ficou confuso quando o funcionário informou que ele teria que preencher mais documentos, pois trouxera tudo o que o site pedia e até ligou antes para confirmar se era aquilo mesmo...

Alvin voltou lá mais duas vezes e, nas duas, ficou mais irritado ainda com os atrasos. Porém, apesar das várias

94 | VANTAGENS DA INTELIGÊNCIA CULTURAL

indiretas dadas pelo funcionário da imigração, ele continuava sem oferecer dinheiro para acertar as coisas. E, com isso, o funcionário mantinha sua posição. *Se Alvin se recusar a entrar no jogo segundo as regras, vai ter que aceitar as consequências.*

Quando Robert ouviu Sharon relatar essa experiência, falou: "Isso é corrupção pura e simples. Não é só uma graninha a mais. É suborno, mesmo."

Sharon confirmou e disse: "Foi o que todo mundo lá na empresa pensou. E todos temos que assinar contratos afirmando que nunca pagaremos ou aceitaremos qualquer tipo de suborno. Mas acho que é assim que as coisas são feitas por lá. Os funcionários da imigração ganham muito mal e partem do princípio de que as pessoas que atendem vão demonstrar sua gratidão com pequenas quantias em dinheiro. O que eu estou dizendo, Robert, é que você tem que saber com quem está se metendo antes de fazer negócio com uma empresa de lá. Porque eles jogam com regras diferentes."

## O que o conhecimento de IC tem a ver com tudo isso?

O conhecimento de IC trata do seu *entendimento sobre o que é uma cultura e como ela molda o comportamento das pessoas.* Esse é o campo que costuma receber a maior ênfase nos cursos de preparação intercultural: aprender sobre os valores e as diferenças culturais. Não dá para dizer o quanto esse campo é importante. Quanto mais aprendermos sobre as culturas e as maneiras diferentes de fazer as mesmas coisas, mais isso nos ajuda a compreender o que está acontecendo, o que, por sua vez, nos ajuda a trabalhar e a nos relacionar com mais eficiência.

Um melhor conhecimento de IC ajudaria Sana e Robert de várias formas. Dá para perceber o nível de conhecimento cultural de Sana pela maneira como ela reage às críticas dos familiares no Iêmen e a natureza das perguntas e dos comentários que Robert faz durante a entrevista. E as conversas que ele tem com Sana e com a amiga Sharon dão uma mostra de seu conhecimento de IC. Um maior nível da parte dele o ajudaria a conduzir melhor a entrevista. No caso de Sana, ajudaria a se apresentar melhor para seus empregadores em potencial.

Repetindo, o conhecimento de IC faz a seguinte pergunta: *Você dispõe da compreensão cultural necessária para trabalhar de maneira eficiente com outras culturas?* A questão aqui não é dominar todos os mínimos detalhes de todas as culturas específicas. Se Robert fosse trabalhar muito tempo no Iêmen, seria bom que obtivesse conhecimentos detalhados sobre a história, a personalidade e as nuances culturais do país. Mas não seria realista esperar que ele se tornasse um expert sobre o Iêmen apenas para uma entrevista de 45 minutos. Boa parte do conhecimento de IC se traduz em desenvolver um aprendizado mais rico do que é cultura, sua influência na maneira de agir e de pensar, e as principais maneiras sobre como as culturas são diferentes.

Dispondo de um elevado conhecimento de IC, você terá uma compreensão holística e bem articulada do que é cultura e de como ela afeta a maneira de as pessoas agirem e pensarem. Tudo começa com um forte sentido da sua

## 96 | VANTAGENS DA INTELIGÊNCIA CULTURAL

própria identidade cultural e da maneira como a cultura da qual você faz parte molda seu comportamento. Quando você tem um grande conhecimento de IC, passa a contar com um repertório que o ajuda a compreender em que medida as culturas são parecidas e até que ponto são diferentes. E passa a notar coisas que podem parecer muito diferentes, mas consegue entendê-las à luz do seu novo conhecimento cultural.[1]

## Aferindo seu conhecimento de IC

Como vai seu conhecimento de IC? Até que ponto você compreende as semelhanças e as diferenças entre as culturas?

---

Nível da vontade de ter IC:
Baseando-se no que já aprendeu sobre vontade de ter IC, como você se classificaria? (circule a resposta)
*Baixo*        *Médio*        *Alto*

---

Conhecimento de IC inclui quatro subáreas (negócios, interpessoal, sociolinguística e liderança). Pesquisas bem extensas já analisaram de que maneira essas várias plataformas de conhecimento influenciam seu entendimento como um todo, quando você interage com outras culturas.[2] Veja as subdimensões descritas a seguir. Você se considera com um nível baixo, médio ou alto? Anote ao lado de cada uma.

*Negócios (Sistemas legais e econômicos)* ————

Mostra até que ponto você compreende os vários sistemas culturais que existem pelo mundo afora (ou seja, econômicos, legais e educativos). Isso não serve só para os executivos, mas também para conhecer as diversas abordagens utilizadas para fazer negócios nas diversas culturas. Um nível elevado indica que você tem uma boa compreensão dos vários sistemas existentes nas culturas. Um nível baixo indica conhecimentos limitados quanto aos diferentes sistemas legais e econômicos presentes nos diversos países.

*Interpessoal* ————

Mostra até que ponto você entende o quanto as culturas divergem em matéria de valores, regras de etiqueta social e perspectivas religiosas. Um nível alto indica que você compreende bem os valores culturais e que papel eles desempenham em diversos contextos. Um nível baixo indica que você tem parcos conhecimentos sobre as normas e os valores das diferentes culturas.

*Sociolinguística* ————

Lida com a compreensão de línguas diferentes e com o conhecimento das várias regras pelas quais uma língua é expressa de maneira verbal e não verbal, nas diversas culturas. Um nível alto significa que você entende as regras de comportamento verbal e não verbal, e um nível baixo significa que você não as compreende.

*Liderança* ————

Mostra até que ponto você entende o quanto uma administração tem que se modificar para ser eficaz em várias culturas. Um nível alto aponta que você tem boa compreensão de como administrar pessoas e relações em culturas diferentes. Um nível baixo indica que seu entendimento de como a administração e os relacionamentos mudam de um lugar para o outro é mais limitado.

# 98 | VANTAGENS DA INTELIGÊNCIA CULTURAL

Essas quatro subdimensões da IC — negócios, interpessoal, sociolinguística e liderança — formam as bases científicas das estratégias que vêm a seguir. Você vai encontrar essas dimensões ao lado da lista de estratégias no começo da próxima seção. Nem todas casam perfeitamente com uma única subdimensão, mas elas foram organizadas de acordo com aquela a que estão mais intimamente ligadas. Use os resultados que você obteve nas subdimensões para ajudá-lo a apontar que estratégias deverá utilizar primeiro (provavelmente, as que se encaixam com a subdimensão em que seu desempenho foi mais fraco).

## Melhorando seu conhecimento de IC

Esta seção se compõe de uma lista de estratégias para ajudá-lo a melhorar seu conhecimento de IC. Todas elas se baseiam na ciência e nas pesquisas sobre conhecimento intercultural e partem das quatro subdimensões do conhecimento de IC (negócios, interpessoal, sociolinguística e liderança). O importante não é sair usando todas as estratégias agora. Existem muitas maneiras de melhorar seu conhecimento de IC. Comece com aquelas que mais lhe interessam.

| | |
|---|---|
| 1. Estude uma cultura de perto.<br>2. Seja mais inteligente usando o Google.<br>3. Preste mais atenção ao que acontece no mundo. | Sistemas culturais e de negócios |
| 4. Vá ao cinema ou leia um romance.<br>5. Procure aprender os valores de uma cultura.<br>6. Explore sua própria identidade cultural. | Valores interpessoais e culturais |
| 7. Estude um novo idioma. | Sociolinguística |
| 8. Procure perspectivas diferentes.<br>9. Contrate um instrutor de IC. | Liderança |

# 1. ESTUDE UMA CULTURA DE PERTO

Não há maneira melhor de aprender a respeito de uma cultura do que por imersão. A cultura está sempre à nossa volta e influencia tudo e todos. Mas é fácil isso passar despercebido, se não estivermos realmente prestando atenção. O pesquisador do comportamento dos adolescentes, Terry Linhart, viajou com um grupo de alunos norte-americanos do ensino médio ao Equador para observar como eles interagiam com a cultura local durante as duas semanas de viagem. Ele relatou que a interação com os equatorianos foi bem parecida com a maneira como as pessoas se comportam quando vão a um museu. Os alunos olhavam boquiabertos para os "espécimes vivos" do Equador, sem realmente se relacionar com eles. Faziam graça para os equatorianos, enchiam as crianças de atenção e visitavam as lojas locais. No entanto, entendendo muito pouco da cultura e com menos habilidade ainda de falar espanhol, os estudantes demonstraram pouca capacidade de tirar conclusões apuradas sobre os habitantes que conheceram. Linhart escreve: "Mesmo sem passar muito tempo com a pessoa, visitar a casa dela ou ter um conhecimento mínimo sobre sua história de vida, os alunos começaram a tirar conclusões muito rápidas sobre as vidas e os valores dos habitantes locais."[3]

Quando for conhecer outra cultura, seja a de um bairro vizinho ou de uma cidade distante, faça uma verdadeira imersão e procure aprender sobre ela em todos os seus valores. Aqui vão algumas dicas para estudar as pessoas de perto:

## Observe os indivíduos

Quando estiver em um lugar público, observe discretamente uma pessoa com formação cultural diferente da sua. Fique ouvindo e analisando por mais tempo do que passaria se estivesse acompanhando alguém de uma cultura conhecida. Perceba as semelhanças. O que parece ser igual na maneira como as pessoas interagem com seus amados, parentes, com estranhos e com os outros? Mais importante: que diferenças você observa? O que parece ser diferente na linguagem corporal, no toque, no ritmo e no comportamento das pessoas que está observando?

## Participe de festivais culturais

Localize uma organização étnica em uma comunidade perto de você e vá a uma de suas festas. Se possível, participe ativamente do evento, em vez de só ficar olhando de fora. Peça a alguém para explicar o significado das atividades, das comidas e dos rituais. Arranje um grupo de amigos para ir a uma festa de Cinco de Maio ou participe da celebração de uma religião diferente da sua. Se for convidado para o casamento de alguém de formação cultural diferente, não deixe de ir — principalmente para dar apoio ao seu amigo, mas também para aprender como é um casamento em outra cultura. Veja como é um funeral em outra cultura. Se der, peça a um *insider* para explicar o que está acontecendo e o que significam os rituais.

## 102 | VANTAGENS DA INTELIGÊNCIA CULTURAL

### ENTRE NAS LOJAS

Descubra onde fica o comércio local e veja o que há nos estandes. Faça isso nos bairros étnicos de sua comunidade e também quando viajar para o exterior. Os produtos que estão à mostra e a maneira como são vendidos dão indicações bem interessantes sobre a cultura. Ou vá às lojas que atendem aos mercados de nicho como idosos, entusiastas da vida no campo ou amantes de chá.

### COMA

A gastronomia abre uma janela formidável para uma nova cultura. Vá a restaurantes especializados em comidas típicas de outros países e analise o significado dos diversos pratos. Os alimentos são servidos como nos países de origem ou foram adaptados para o gosto local? (Por exemplo: a comida chinesa servida no Ocidente costuma ser bem diferente da servida na própria China. E, depois de muitos anos viajando para lá, eu ainda não encontrei uma caixinha "para viagem" com alça de arame ou biscoitinhos da sorte.)

Melhor ainda seria fazer uma refeição com alguém que venha do país da culinária em questão e ver se ela faz algum comentário sobre os pratos. Um amigo tailandês pode não ser capaz de falar sobre a história do *pad thai* tanto quanto você pode não ter a menor ideia sobre a origem de algum prato que aprecie em sua própria cultura. Mas, no mínimo, pergunte ao seu amigo se ele comia aquilo quando era criança e que recordações ele associa àquele prato.

## OBSERVE A ARTE

Vá a um museu de arte quando viajar ou observe que tipo de arte é exibida nos lugares públicos. Que tipos de pinturas são expostas nas lojas e nos restaurantes? O que você vê nas casas e nos escritórios das pessoas? O que se pode aprender sobre a cultura, com base na arquitetura e na planta de uma cidade?

Veja se as pinturas, o design de interiores e a arquitetura são permeados por linhas e formas sólidas e rígidas — ou se a arte remete a linhas mais fluidas e suaves. A música segue um padrão preciso e de compassos fixos, ou é mais improvisada e misturada?

Há pouco tempo, estive numa galeria em Melbourne, na Austrália, repleta de arte aborígene. Isso me deu uma perspectiva completamente nova sobre os indígenas australianos, mais do que eu já havia lido nos livros ou ouvido em palestras sobre eles. Um quadro, uma escultura ou uma história ilustrada refletem normas culturais que são difíceis de compreender apenas por palavras. É claro que não podemos dizer que a visão de um artista reflete como todas as pessoas daquela cultura enxergam as coisas, mas a arte oferece uma perspectiva multidimensional sobre a cultura.

Existem inúmeras outras maneiras de aprender a respeito da cultura do lugar em que você estiver. Caminhe pelas ruas de lá, vá aos eventos locais e converse com os motoristas de táxi. Geralmente eles têm opiniões muito fortes sobre praticamente qualquer coisa. Afinal, passam o dia inteiro por entre as conversas das pessoas e devem ouvir histórias maravilhosas. Ou então, converse com as pessoas mais velhas. Pergunte como foi que a cidade ou o país mudou durante a vida deles.

# 104 | VANTAGENS DA INTELIGÊNCIA CULTURAL

Encontre maneiras de vivenciar algo maior que o tipo falso de cultura que se vê em quase todos os lugares para onde viaja. Em vez disso, procure a verdadeira alma local. Por exemplo, você pode estar no Palácio Real no centro de Bangcoc, cercado de turistas com câmeras que passam o tempo no Starbucks ou no KFC. Ou pode pegar um ônibus e se ver cercado por habitantes locais, sem um único turista à sua volta. As verdadeiras experiências estão aí, esperando para serem vividas. Livre-se daquele pensamento de que tem que ver todas as atrações "imperdíveis" e vá em busca de atrações mais autênticas e locais. É uma maneira divertida e poderosa de aumentar seu conhecimento de IC.

## 2. SEJA MAIS INTELIGENTE USANDO O GOOGLE

Quando é preciso ter acesso a uma informação sobre qualquer coisa — os horários de um filme, a temperatura na Cidade do Cabo ou como tratar de uma sinusite —, a primeira atitude que a maioria das pessoas toma é procurar no Google, a fonte de toda a sabedoria. Os sites de busca nos fornecem uma quantidade sem precedentes de informações. E os amplos recursos da web podem ser muito bons para aumentar nosso conhecimento de IC. Mas como podemos começar a garimpar essa infinita gama de informações e capturar aquelas que são efetivamente úteis para nós? Como saber se o blog de alguém que fala sobre o que está acontecendo na China tem informações corretas?

Edna Reid, especialista em coleta de informações, presta consultoria a líderes do mundo inteiro para ajudá-los a juntar dados que realmente aumentem seu conhecimento de IC. Reid ensina como maximizar o poder do Google. Imagine que você esteja indo para o Qatar e deseje saber mais sobre o país do que informa uma descrição de um site de viagem ou da Wikipédia. Aqui vão algumas dicas para refinar a busca:

- Para buscar sites específicos relacionados ao Qatar, procure por extensões de domínio específicas (como .org, .edu e .gov). Alguns exemplos:
  - Para encontrar sites oficiais, digite: "site do Qatar.gov"
  - Para encontrar sites educacionais (universidades etc.), digite: "site do Qatar.edu"
  - Para encontrar sites do próprio Qatar que falem sobre o país, digite: "site do Qatar.qa"

## 106 | VANTAGENS DA INTELIGÊNCIA CULTURAL

- Lembre-se de que as palavras exatas limitam as buscas para encontrar apenas aquelas que contenham os nomes que você digitou (por exemplo, "comércio do Qatar" só vai trazer informações dos sites em que essas três palavras apareçam).

- O próximo passo é usar o poder da "Pesquisa avançada" do Google. Aqui você pode escrever com muito mais precisão o que quer e o que não quer que apareça no resultado da busca. O link para a "Pesquisa avançada" fica à direita da janela principal, na homepage do Google. Aqui vão alguns exemplos de como fazer uma pesquisa avançada:
  - Você pode limitar a busca apenas a documentos em pdf com o menu "tipo de arquivo".
  - Pode buscar em sites específicos. Por exemplo, a busca pode se limitar a qualquer coisa escrita sobre o Qatar em um site da IBM.
  - Você pode limitar o período da busca de modo a receber apenas informações mais recentes, ou de um período específico.

- Entre no Google Acadêmico (scholar.google.com.br) para buscar material acadêmico ou baseado em pesquisas que se relacionem com o assunto em questão. Você verá que o resultado da busca indica quantas vezes a publicação foi citada em outros trabalhos.[4]

Com alguns cliques extras, você poderá obter informações muito mais confiáveis. Quando procurar dados sobre um país ou uma cultura específica, limite suas buscas para encontrar informações mais precisas e mais úteis.

## 3. PRESTE MAIS ATENÇÃO AO QUE ACONTECE NO MUNDO

Estar atento ao que acontece no mundo é fundamental para aumentar seu conhecimento de IC. É muito difícil ter relações com outras culturas sem uma perspectiva global. Saber que Cingapura não faz parte da China e entender que não é um país pobre é uma questão importante (e absolutamente básica) que alguém deve compreender antes de lidar com um cingapuriano ou com alguma pessoa da região. Tratar um país africano de uma maneira específica, em vez de fazer comentários arbitrários e generalistas sobre a África — como se a Nigéria, o Marrocos e o Sudão fossem a mesma coisa —, também é muito básico e elementar, mas é surpreendente o número de pessoas que ainda cometem esse erro e as consequências que resultam dele.

Além disso, ter um conhecimento geral básico sobre os principais acontecimentos históricos e recentes do mundo é tão importante que não dá nem para comentar. De um lado, quando se tem uma noção geral da história do Japão e da China, você passa a pensar de uma maneira diferente sobre o que pode estar acontecendo quando um japonês interage com um chinês. Por muitos anos, o Japão tentou dominar a China política e militarmente, a fim de se apossar dos vastos recursos naturais. É muito improvável que um japonês e um chinês estejam conscientemente pensando na dinâmica histórica entre os dois países toda vez que interagem, mas isso pode estar influenciando o que acontece de forma implícita, baseando-se nas lições de "história" que receberam quando crianças. E, se estiver viajando para um país que esteja sediando a Copa do Mundo ou tendo uma

## 108 | VANTAGENS DA INTELIGÊNCIA CULTURAL

eleição importante e sequer tocar nesse assunto, pode acabar parecendo um ignorante etnocêntrico. Você pode até pensar: *Não é que eu seja etnocêntrico; só não gosto de futebol nem de política*. Mas a questão não é essa. Conversar sobre esses eventos de importância cultural mostra que você está atento e se interessa pelo que está acontecendo no país que visita.

É preciso esforço para aumentar sua consciência global, porque muitos canais de notícias só informam as tendências, os modismos e os acontecimentos para um mercado específico. E muitas famílias e sistemas educacionais passam pouco tempo ensinando que é importante compreender o que acontece no mundo. Uma boa utilização da internet, porém, pode lhe proporcionar rapidamente alguns ótimos insights.

Os norte-americanos são particularmente conhecidos pela absoluta falta de consciência sobre o que acontece no mundo. Uma das coisas que mais abastecem o desdém que se sente pelos Estados Unidos é que muitos sabem pouquíssimo sobre o mundo que existe fora das fronteiras de seu próprio país.

Aqui vão algumas maneiras de aumentar a consciência global:

- Entre no site da BBC News (http://news.bbc.co.uk/) para uma das apresentações mais completas sobre o que acontece no mundo. O link "In Pictures" [Em imagens] é meu favorito para obter um apanhado geral do que aconteceu naquele dia em âmbito internacional.
- Leia *The Economist* para um apanhado dos principais acontecimentos.
- Entre em http://www.worldpress.org para um rápido resumo das notícias mundiais.

- Entre em http://www.languagemonitor.com/para conhecer as dez palavras mais importantes do ano.
- Confira as rádios e emissoras de televisão públicas.
- Aprenda a fazer perguntas interessantes quando estiver com gente de outras partes do mundo. A maioria adora falar sobre a própria cultura e comentar algumas das notícias que estão acontecendo na região.

Não há muita desculpa para ser ignorante sobre os acontecimentos mundiais com todas as conexões tecnológicas de que dispomos. Ninguém precisa ser um telejornal ambulante, mas o simples fato de passar dois ou três minutos por dia se informando sobre as principais notícias já ajuda muito a aumentar seu conhecimento de IC.[5]

# 4. VÁ AO CINEMA OU LEIA UM ROMANCE

O cinema e a literatura proporcionam um modo visceral de ver o mundo através dos olhos de outro. Uma coisa é entender os conceitos e princípios culturais descritos em livros de não ficção como esse, outra são os insights e as perspectivas que se tem ao ver como as dinâmicas culturais afetam os personagens e a trama de um bom filme, romance ou biografia.

Quase todo romance, filme ou autobiografia é repleto de dinâmicas culturais, porque a cultura está por toda a parte. Veja como os costumes moldam os acontecimentos. E veja as tramas que acontecem especificamente em uma cultura diferente. Como ela influencia a maneira de os personagens interagirem com os colegas, amigos e familiares? Como os conflitos são resolvidos? Mesmo que a história traga um estereótipo absolutamente impreciso, você também vai conhecer pessoas que contrariam os estereótipos na vida real.

As histórias proporcionam experiências mais dinâmicas em matéria de cultura do que a maioria dos livros profissionais e de negócios, cheios de princípios. E são muito mais reais na maneira como se vivencia uma cultura — no contexto do viver, das diversas relações pessoais e de uma série de outras circunstâncias. Quando estiver acompanhando uma história, veja como você lidaria com os diversos personagens. E se o personagem principal fosse seu chefe? Se fosse um colega, como é que você se relacionaria com ele? A que personagens você se sente mais atraído? Quais o deixam meio incomodado? Como a cultura seria capaz de explicar algumas dessas reações?

## DAVID LIVERMORE | 111

Ao contrário do que acontece quando interagimos efetivamente com uma pessoa de outra cultura, livros e filmes permitem que fiquemos na posição de observadores, em vez de participantes, sem termos que nos preocupar com nosso desempenho ou se nosso comportamento não está ofendendo ninguém. Podemos simplesmente relaxar e observar o que está acontecendo. Isso proporciona aquele desligamento mental necessário para apreciar a influência que a cultura exerce nos acontecimentos e aprender com isso.

Daisann McLane, colaboradora da *National Geographic*, faz uma sugestão ligeiramente diferente. Ela nos incentiva a ir ao cinema quando viajamos ao exterior, para ver nosso destino com novos olhos. Ela escreveu que "algumas das experiências mais interessantes que eu já tive na vida foram assistir a filmes 'fora do contexto'. Como no dia em que eu era a única norte-americana em um clube de jovens na Croácia que exibia *Faça a coisa certa*, do Spike Lee, e acabei tendo que explicar todas as gírias."[6] E é claro que assistir a um épico de Bollywood em Mumbai pode originar insights completamente diferentes sobre a cultura indiana — tanto o filme quanto a experiência de ir ao cinema. Vá ao cinema, leia um bom livro e, nesse meio-tempo, aumente seu conhecimento de IC.

## 112 | VANTAGENS DA INTELIGÊNCIA CULTURAL

## 5. PROCURE APRENDER OS VALORES DE UMA CULTURA

Uma das estratégias mais importantes para aumentar seu conhecimento de IC é compreender qual o núcleo básico que forma os valores de uma cultura. Esses valores se referem às ideias que uma sociedade tem do que é certo, errado, justo e injusto. Os pesquisadores desenvolveram várias maneiras de categorizar esses valores, de modo que podemos comparar rapidamente os costumes entre si. Contudo, não devemos criar um estereótipo irresponsável de uma cultura inteira a partir disso, porque sempre vai haver indivíduos e subculturas dentro de uma cultura mais ampla, que são exceções a essas normas. Contudo, esses valores proporcionam um importante ponto de partida para compreender as relações e interações entre as várias culturas. Eles geram uma noção sobre qual é a maneira mais provável de como alguém de uma dada cultura encara determinado assunto.

A influência desses valores geralmente ocorre no subconsciente da maioria das pessoas de uma cultura — e isso também vale para nós. No entanto, os valores culturais desempenham um papel poderoso na forma como pensam e agem os indivíduos, organizações e sociedades, independentemente de isso ser ou não percebido. Um indivíduo ou uma cultura não são melhores ou piores por encararem esses valores de um jeito ou de outro. Mas eles realmente exercem um papel relevante no modo como vivemos e trabalhamos.

Já tratei desses valores culturais de maneira mais detalhada em outros livros, além de oferecer uma discussão mais profunda sobre como eles afetam a liderança.[7] Por isso,

DAVID LIVERMORE | 113

veja a seguir resumo sobre alguns dos valores culturais mais importantes que você deve compreender.

### Individualismo x Coletivismo
*Até que ponto a identidade de uma pessoa se define em termos das características individuais ou do grupo*

Culturas extremamente individualistas, como a dos Estados Unidos ou da Austrália, enfatizam os direitos e responsabilidades do indivíduo. Culturas mais coletivas, como a da China e a da Jordânia, dão prioridade aos direitos e necessidades dos grupos.

| Individualismo | Coletivismo |
| --- | --- |
| Austrália | China |
| Estados Unidos | Jordânia |
| *Individualismo:* As metas e os direitos individuais são mais importantes que as relações pessoais | *Coletivismo:* As relações pessoais e o bem do grupo são mais importantes do que as metas individuais |

### Distância para o poder
*Até que ponto as diferenças de status e de poder são esperadas e aceitas.*

Culturas em que a distância para o poder é pequena, como Israel e Canadá, dão menos valor a títulos e papéis formais e preferem organizações menos hierarquizadas. Culturas em que a distância para o poder é grande, como o próprio Brasil e a Índia, acreditam que títulos e uma autoridade visível são indicadores importantes de como agir e se relacionar.

## 114 | VANTAGENS DA INTELIGÊNCIA CULTURAL

| Pequena distância para o poder | Grande distância para o poder |
|---|---|
| Canadá<br>Israel | Brasil<br>Índia |
| *Pequena distância:* As diferenças de status têm pouca importância, todos se sentem incentivados a tomar decisões, em todos os níveis. | *Grande distância:* As diferenças de status moldam as interações sociais, as pessoas com autoridade é que devem tomar as decisões. |

### Aversão às incertezas
*Até que ponto procura-se reduzir o risco por meio de regras e planejamento*

Culturas com baixa aversão a incertezas, como Hong Kong e a Inglaterra, têm mais tolerância e se sentem mais confortáveis frente a ambiguidades e riscos. Culturas com alto índice de aversão a incertezas, como a Rússia e o Japão, buscam meios de prevenir ambiguidades e riscos.

| Baixa aversão a incertezas | Alta aversão a incertezas |
|---|---|
| Hong Kong<br>Inglaterra | Japão<br>Rússia |
| *Baixa aversão:* O foco é na flexibilidade e na capacidade de adaptação, toleram situações imprevisíveis e fora de uma estrutura. | *Alta aversão:* O foco é no planejamento e na previsibilidade, sentem-se pouco à vontade com situações imprevisíveis ou fora de uma estrutura. |

## Cooperação x Competição*

*Mostra até que ponto as realizações e a competição são valorizadas, em vez de priorizar as relações e as emoções*

Culturas voltadas para a cooperação, como o Chile e a Holanda, valorizam um modo de solucionar os problemas que seja mais colaborativo, pensando com cuidado em como responder às diversas situações. Culturas com orientação mais competitiva, como a Hungria e o Japão, tem um modo mais agressivo e assertivo de lidar com as situações.

| Cooperação | Competição |
| --- | --- |
| Chile<br>Holanda | Hungria<br>Japão |
| *Cooperação:* Ênfase na cooperação e em um comportamento generoso. Dá-se muito valor à família e aos relacionamentos. | *Competição:* Ênfase na competição e em um comportamento assertivo. Dá-se muito valor ao trabalho, à realização de tarefas e às conquistas. |

## Imediatismo x Longo prazo

*Até que ponto as pessoas aceitam esperar pelo sucesso*

Culturas imediatistas como a Austrália e os Estados Unidos dão valor a resultados instantâneos. Culturas mais voltadas para o longo prazo, como o Brasil e a Coreia do Sul, se interessam mais pelo sucesso e pela inovação a longo prazo, mesmo que para isso tenham que adiar suas recompensas.

---

*Esses valores às vezes são chamados de feminilidade x masculinidade, mas deixei de usar esses rótulos no meu trabalho, em vez de ficar perpetuando estereótipos de gênero construídos pelas sociedades. No entanto, a ideia de grande competição x baixa competição continua sendo importante, independentemente de como ela venha a ser chamada. (*N. do A.*)

# 116 | VANTAGENS DA INTELIGÊNCIA CULTURAL

| Imediatismo | Longo prazo |
|---|---|
| Austrália<br>Estados Unidos | Brasil<br>Coreia do Sul |
| *Imediatismo:* Veem o futuro como imprevisível, portanto dão mais valor aos resultados imediatos do que aos benefícios de longo prazo. | *Longo prazo:* Apreciam o planejamento de longo prazo e estão dispostos a sacrificar resultados de curto prazo em favor de benefícios mais distantes no tempo. |

## Contexto
*Até que ponto a comunicação é direta, ou enfatiza papéis já introjetados e uma compreensão implícita*

Culturas de baixo contexto, como Israel e Canadá, geralmente colocam muitas placas e dão muitas instruções, enfatizando uma comunicação direta e completa. Culturas de alto contexto, como as do México e da Arábia Saudita, partem do princípio de que as pessoas sabem se virar intuitivamente e que uma comunicação explícita é desnecessária.

| Baixo contexto | Alto contexto |
|---|---|
| Canadá<br>Israel | México<br>Arábia Saudita |
| *Baixo contexto:* Enfatizam palavras explícitas, valorizam a comunicação direta. | *Alto contexto:* Enfatizam os relacionamentos harmônicos e o entendimento implícito, valorizam a comunicação indireta. |

## Fazer x Ser
*Refere-se até que ponto a ação e os resultados
são enfatizados e valorizados*

Culturas voltadas para a ação, como a norte-americana e a austríaca, são extremamente voltadas para a execução de tarefas e para os resultados. No outro extremo, culturas como a sueca e a brasileira dão preferência aos relacionamentos e às redes sociais e vivem para o momento.

| Fazer | Ser |
|---|---|
| Áustria | Brasil |
| Estados Unidos | Suécia |
| *Fazer:* A realização de tarefas é mais importante que os compromissos sociais, e há uma separação clara entre as duas coisas. | *Ser:* Os compromissos sociais e a execução de tarefas têm a mesma importância, e o limite entre as duas coisas não é muito claro. |

Essas dimensões dos valores culturais costumam ser mais utilizadas para descrever as culturas de um país (como o individualismo norte-americano em contraposição ao coletivismo do Iêmen). Mas os valores também podem se aplicar a subculturas, por exemplo: um tipo de negócio pode se utilizar de uma liderança que valoriza a equipe no momento de tomar decisões (pouca distância ao poder), enquanto em outro a estrutura é fortemente hierarquizada (grande distância ao poder). O mesmo se aplica entre as várias gerações, que geralmente se movem na direção de um dos polos.

Robert não tem tempo de aprender tudo sobre a cultura iemenita e, mesmo que conseguisse, seria irrelevante

## 118 | VANTAGENS DA INTELIGÊNCIA CULTURAL

no caso de Sana, já que ela nunca morou lá. Mas um conhecimento geral dos valores geralmente aceitos pelos norte-americanos de origem árabe o ajudaria a fazer perguntas muito melhores na entrevista e também aumentaria sua compreensão sobre as respostas dadas. E se Sana fizer uso dos valores culturais para entender as subculturas de Indianápolis, da companhia telefônica e da formação de Robert, isso lhe dará no mínimo uma boa base para entender o que encontrou.

Há muitas fontes (como livros, cursos e internet) que fornecem uma explicação bem completa sobre os valores culturais, além de informarem em que ponto da escala se encontram os diversos países.[8] É cada vez mais difícil caracterizar uma cultura nacional inteira com uma ou outra orientação, por isso temos que nos utilizar desses valores com muito cuidado. Mas compreender essas dimensões é um instrumento vital para se entender as maneiras principais pelas quais as culturas diferenciam. Só não exagere muito, apontando um valor cultural para cada pessoa ou situação de uma cultura específica. Uma das melhores maneiras de utilizar esses valores é compreendendo sua própria orientação pessoal em cada uma dessas áreas.

## 6. EXPLORE SUA PRÓPRIA IDENTIDADE CULTURAL

Nenhum de nós é um mero observador objetivo da cultura. Somos todos produtos dela e todos temos um papel na hora de misturar e fazer avançar as várias culturas de que somos parte. Sendo assim, outra estratégia importante para aumentar seu conhecimento de IC é compreender a própria identidade cultural. Geralmente, essa é a cultura mais difícil de ver e entender, de tão entranhada que fica no subconsciente. Fomos criados com um dado conjunto de regras e premissas implícitas sobre como devemos viver a vida e ver o mundo e, sem IC, é fácil partir do princípio de que é assim que o mundo funciona.

As culturas nacionais normalmente exercem influência mais forte quanto à maneira como vemos o mundo. Mas outras culturas em que estamos inseridos também têm um papel profundo na maneira como pensamos e agimos.

Identifique as culturas das quais você sofreu as influências mais poderosas. Pense nos seguintes pontos:

- Quais foram as culturas étnicas e nacionais que exerceram influências mais significativas na sua formação?
- Que outras subculturas foram as mais decisivas na sua maneira de pensar e de agir (pense em subculturas como universidades, profissão, opção principal de carreira, cultura corporativa, afiliações religiosas, identidade sexual, dinâmica de gerações, grupos de invalidez física etc.)?
- Foque sua atenção em um ou dois contextos culturais que mais definem quem você é hoje em dia.

# 120 | VANTAGENS DA INTELIGÊNCIA CULTURAL

Depois de identificar as culturas que mais o influenciam, comece a pensar em perguntas como as que se seguem abaixo, em relação a uma ou mais dessas culturas:

- O que é "sucesso" para essa cultura? E fracasso?
- Quais as profissões mais bem-pagas? As sociedades costumam pagar melhor o que valorizam mais (como por exemplo entretenimento, funcionários públicos, cirurgiões plásticos etc.).
- Qual o papel da família?
- Como são tomadas as decisões?
- Quem são os mais poderosos?
- Quem é mais respeitado: os mais velhos ou os mais jovens?
- O seu país de origem se encontra em que parte da escala de valores culturais que descrevemos na estratégia anterior? E as outras culturas que exerceram um papel significativo na sua formação social?

Transforme-se em um estudante da história, regras e normas da sua própria cultura. É muito improvável compreendermos outras culturas se não entendermos primeiro a nossa. Esse tipo de compreensão fornece uma base para entender e respeitar a herança e a formação das outras pessoas. Em que parte da escala de valores culturais você se encaixa?

O *etnocentrismo* — acreditar que a *sua* cultura é que está certa e que essa é a melhor maneira de viver a vida — é um grande obstáculo para o conhecimento de IC. Por outro lado, falar mal e depreciar tudo o que vem da sua cultura pode ser igualmente destrutivo. Eu mesmo já caí nessa armadilha. Houve momentos em que detestei ser um homem branco, cristão, professor, norte-americano e muitas coisas mais. É claro que todas essas subculturas têm aspectos constrangedores, mas também há elementos virtuosos. Às vezes, quando somos expostos a culturas diferentes e vemos a nossa própria sob essa nova lente, a tendência é focar em tudo o que é negativo. Assumir o compromisso de compreender a própria formação cultural ajuda a não cair nesses extremos e dá mais ênfase a tentar entender uma cultura do que a avaliar como boa ou ruim.

A viagem que Sana fez ao Oriente Médio ajudou-a tanto a aprender mais sobre sua própria identidade cultural quanto a entender as culturas do Iêmen e da Jordânia. E a própria história de Robert, como parte de uma minoria negra, poderia lhe proporcionar insights importantes sobre o que havia por trás das perguntas e do comportamento de Sana.

Sua formação cultural constitui uma parte significativa da pessoa que você é, mas alguns aspectos da sua identidade são exclusivos e diferem das pessoas que têm a mesma formação cultural que a sua. Analise até que ponto você é parecido com os que fazem parte da sua cultura e até que ponto é diferente. Identifique os valores culturais (elencados na última estratégia) em que você menos se encaixa na sua cultura. Faça esse mesmo exercício em relação às outras com as quais tem contato regularmente. Esses são insights importantes, porque provavelmente é nessas áreas que estão seus maiores pontos de tensão e conflito.

O pesquisador intercultural Edward Hall escreveu que "a cultura esconde mais do que revela e, estranhamente, ela se

# 122 | VANTAGENS DA INTELIGÊNCIA CULTURAL

esconde de maneira mais eficaz nos próprios participantes. *Na verdade, a questão não é entender as culturas estrangeiras, mas compreender a própria.*"[9] Tirar um tempo para analisar sua própria identidade cultural vai aumentar seu conhecimento de IC.

## 7. ESTUDE UM NOVO IDIOMA

Línguas são muito mais do que meras palavras. Há uma ligação muito clara entre a capacidade de falar um idioma estrangeiro e o seu conhecimento de IC. Há quem diga que língua é cultura. As duas estão tão intrinsecamente ligadas que é difícil ter uma sem a outra. A língua permite que você interaja com as pessoas e perceba todo tipo de detalhe que, de outro modo, passaria em branco. O contrário também é verdade. Os professores de línguas estrangeiras ensinam a cultura do país aos alunos devido à imensa ligação que existe entre ambos. Fatores ambientais e sociais dão forma ao desenvolvimento da linguagem, que, por sua vez, contorna a cultura. Existe uma razão pela qual há tantas palavras em norueguês para "peixe", assim como tantas formas de dizer "branco" em esquimó . *Wei ji* é "crise" em chinês. *Wei* significa perigo, e *ji* é oportunidade. E isso fala muito sobre a cultura dominante na China, uma sociedade que sempre procurou transformar o sofrimento em oportunidade. A língua arranca as cortinas que encobrem as janelas e nos permite uma visão muito melhor do que há dentro de um país.[10]

O estudo efetivo de uma língua também deve incluir o aprendizado dos sinais e comportamentos não verbais mais comuns em dada cultura. A linguagem silenciosa dos gestos e expressões faciais é uma parte crítica para aumentar seu conhecimento de IC.

Ao interagir com alguém que fala uma língua diferente, não há como aprender um pouquinho dela. Isso não só inspira respeito e gratidão, como também vai ajudá-lo a ver como aquela pessoa enxerga o mundo. Nós não vamos conseguir aprender a língua da maioria das culturas com

# 124 | VANTAGENS DA INTELIGÊNCIA CULTURAL

que nos deparamos, mas estudar um idioma estrangeiro vai aumentar o seu conhecimento de IC em geral. No capítulo 6, incluí outra estratégia linguística, pela qual o uso de algumas frases ou palavras-chave em um idioma estrangeiro vai ajudá-lo a ser muito mais bem-sucedido nos lugares que falam a tal língua.

## 8. PROCURE PERSPECTIVAS DIFERENTES

A maioria dos adultos busca relacionamentos e influências que apoiam e reforçam suas próprias perspectivas e pontos de vista. Uma das maneiras mais valiosas de aumentar o conhecimento de IC é procurar pontos de vista diversos. O objetivo não é apenas minimizar as diferenças para encontrar um denominador comum. O importante é ver e aprender com elas.

Essa estratégia é ainda mais útil quando você busca um grupo cultural que representa um conjunto de crenças ou de regras que estão em conflito direto com as suas. Participe de uma reunião ou de um evento desse grupo. Vá a uma missa, uma *rave* ou uma reunião política que não tenha quase nada a ver com suas preferências e procure compreender o que está por trás das crenças e do comportamento desse grupo. Não faça julgamentos por algum tempo e tenha cuidado para não tirar conclusões precipitadas. Tome um café com alguém que veja o mundo de uma maneira diferente da sua. Não vá tentar convencê-lo a adotar seu ponto de vista. Aprenda com as diferenças. Procure um jornal ou uma fonte de notícias que tenha um viés oposto à sua opinião. Veja como isso o atinge. Quando assisto a discursos políticos sobre questões em que a minha opinião é totalmente contrária, sinto a pressão sanguínea subir. O desafio aqui é exatamente regular essa emoção, para que possa aprender com uma perspectiva diferente da que você já tem.

Isso não significa abandonar suas crenças e convicções. Mas, por enquanto, tente se colocar deliberadamente em

## 126 | VANTAGENS DA INTELIGÊNCIA CULTURAL

um ambiente em que não se sinta à vontade. Forme um clube do livro com pessoas de formações culturais diferentes. Pense em como diversas perspectivas constroem as maneiras como cada indivíduo responde ao conteúdo de determinado livro. Ou então, quando tiver a chance de fazer um trabalho de grupo em algum curso ou na sua profissão, procure alguém de uma cultura diferente para ser seu parceiro. Mesmo que seja da mesma formação étnica, encontre aquele mais conservador ou liberal do que você. Se for ateu, encontre uma pessoa profundamente religiosa, e vice-versa. Comprometa-se a entabular um diálogo e a aprender com o outro.

Outra maneira de entender pontos de vista diferentes é encontrando uma fonte de notícias distinta daquela que você costuma escolher. Seja no caso de ela ser movida por uma ideologia totalmente oposta ou vir de uma cultura nacional diferente, veja como o mesmo acontecimento é noticiado de maneiras variadas. Leia a mesma matéria na Al Jazeera, na NewsAsia e na BBC. E, quando viajar, encontre uma forma de ler um jornal local. Se for viciado no *Financial Times*, no *South China Post* ou no *USA Today*, pelo menos leia-os com outro e compare o que é noticiado neles. Dê uma olhada em tudo — nas propagandas, nos classificados, nos comunicados públicos e nos obituários. Você pode obter insights preciosos de um lugar lendo o que é e o que não é noticiado nas mídias locais.

É possível se valer dessa mesma estratégia no seu país de origem. Nas palavras do presidente Barack Obama aos norte-americanos: "Se você é daqueles que só leem o editorial do *New York Times*, tente dar uma lida na mesma página do *Wall Street Journal*, pelo menos de vez em quando. Se for fã do Glenn Beck e do Rush Limbaugh (dois comentaristas de direita), procure ler algumas colunas do site do *Huffington Post*. Seu sangue pode ferver, e sua cabeça não vai mudar com frequência. *Mas a prática de ouvir uma opinião diferente é fundamental para o exercício da cidadania.*"[11]

128 | VANTAGENS DA INTELIGÊNCIA CULTURAL

## 9. CONTRATE UM INSTRUTOR DE IC

Um instrutor de IC, às vezes também chamado de guia ou concierge, pode ser outra peça fundamental para ajudá-lo a ter mais inteligência cultural. Essa é uma estratégia que vai incrementar todas as áreas da IC, mas funciona melhor como tática para aumentar seu conhecimento. Quando comecei a trabalhar no meio acadêmico, meu amigo Andrew já havia adquirido muita experiência como membro da faculdade. E, embora trabalhasse para outra instituição, ele me ajudou a entender o que era o cargo de professor sênior, o que era a liberdade acadêmica, o funcionamento da reitoria e muito mais. Amigos como Naville, Soon, Soo Yeong e Judy passaram anos me ajudando a compreender o Sudeste Asiático. Minha lista de instrutores continua por vários lugares e culturas afora.

Um instrutor de IC pode ser um membro valioso em qualquer contexto cultural. O problema é encontrar alguém que esteja realmente disposto a desempenhar esse papel. Um profissional enviado para trabalhar no exterior, por exemplo, pode ser um guia excelente, porque ele também está fazendo a ponte da sua cultura para a nova. Por outro lado, já encontrei expatriados que são muito mal-informados e preconceituosos sobre as culturas em que vivem. Habitantes locais podem ser bons instrutores, mas também temos que tomar cuidado com a premissa de que quem mora no lugar seja um melhor guia. Elas normalmente não têm a objetividade necessária.

Um instrutor realmente competente de IC vai fazer perguntas para nos guiar, além de oferecer apoio e feedback. Deve ser uma pessoa que tome o cuidado de não simplificar

DAVID LIVERMORE | 129

demais as coisas, ao mesmo tempo em que fornece padrões neutros que possam nos ajudar. Seja lá quem for, temos sempre que nos lembrar da importância de não traçar generalizações a partir dos conselhos que recebermos de uma única pessoa. Segundo Craig Sorti, especialista em relações interculturais:

> O que [as pessoas] dizem pode valer para os indivíduos que tenham a mesma idade, nível de educação e condição socioeconômica que elas (para não falar de castas, religião, sexo, região e experiência), mas não para outros segmentos da sociedade. Experimente perguntar, em um jantar, a um rancheiro de Montana e a um banqueiro de Nova York o que é uma roupa ou um comportamento apropriado e tente fazer uma generalização a partir do que responderem![12]

Portanto, escolha seus instrutores com cuidado. Entre as características que você deve procurar, estão as seguintes:

❑ Eles são capazes de distinguir o que essa cultura tem de diferente em relação às outras?

❑ Eles têm consciência dos prós e contras de suas decisões? E das outras?

❑ Eles conhecem sua cultura — tanto a nacional, como a profissional (como engenharia ou medicina)?

❑ Eles já tiveram a possibilidade de trabalhar com várias culturas pessoalmente?

❑ Eles fazem um monte de perguntas para instigá-lo a descobrir mais sobre a cultura, ou simplesmente a "definem" para você?

❑ Eles são capazes de dizer que tipos de pessoas costumam se sentir mais frustradas nessa cultura?

# 130 | VANTAGENS DA INTELIGÊNCIA CULTURAL

Um instrutor de IC que tenha uma boa dose de conhecimento sobre diferentes culturas vai ser muito bom para você. Ler uma explicação sobre uma questão cultural em um livro ou através de um exercício intercultural é muito diferente de receber uma explicação direta de alguém que já passou pelo que estamos passando. As pesquisas mostram que expatriados e viajantes que contam com mentores culturais se saem muito melhor do que aqueles que estão por conta própria.[13] Uma das melhores coisas em que um instrutor de IC pode ajudá-lo é descobrir que tipo de questionamentos você deve fazer aos outros e a si mesmo quando for trabalhar no exterior.

## De volta ao escritório

Sana estaria mais preparada para a entrevista com o Robert e outros administradores na cidade de Indianápolis se compreendesse melhor a cultura comum no Centro-Oeste norte-americano. Apesar de ter morado a vida toda em Michigan, ela ficou relativamente restrita à comunidade de descendentes árabes que se situa nas imediações de Detroit. Ela também deve ter cuidado para não criar um estereótipo de Robert. No entanto, tendo alguma noção sobre valores culturais, deveria pelo menos pensar se o fato de Robert estar vestindo um terno é reflexo dos valores que os afro-descendentes norte-americanos têm sobre suas próprias roupas e aparência.

Se eu estivesse no lugar dela, teria ficado bem assustado pela confrontação com as tias no Iêmen. Ficar na defensiva nesse tipo de situação é normal. Mas se Sana puder ver além do confronto e pensar em como seu estilo de vida e a mudança de cidade podem parecer pelas lentes culturais de sua família, isso poderá ajudá-la a lidar com a raiva por ter sido chamada de "infiel". Porém, um dos pontos mais importantes da IC é que ela é uma via de mão dupla, de modo que também ajudaria se as suas tias tivessem algum conhecimento sobre como é a vida para Sana e Haani nos Estados Unidos. Em vez de partirem para acusações, um maior conhecimento de IC permitiria, no mínimo, que elas travassem essa conversa potencialmente ofensiva de maneira diferente.

Quanto a Robert, apesar de pertencer a uma minoria, ele parece ignorar que várias outras minorias étnicas também

## 132 | VANTAGENS DA INTELIGÊNCIA CULTURAL

foram criadas nos Estados Unidos. É estranhíssimo, embora seja muito comum, que ele pense que Sana não tenha nascido nos Estados Unidos. E se Robert soubesse mais a respeito do valor cultural individualismo x coletivismo, ficaria menos espantado com o pedido de Sana em conhecer seu marido. Do ângulo de um coletivista, o pedido seria absolutamente razoável se o cônjuge — especialmente no caso de um marido, em muitas culturas do Oriente Médio — quiser saber se pode confiar no chefe da esposa. O próprio Robert saiu de uma cultura mais coletivista, se comparada à cultura dominante do Centro-Oeste. Mas, por ter se casado com Ingrid e ter morado e trabalhado principalmente na cultura profissional dominante nos últimos vinte anos, é bem provável que seja muito mais um produto dessa subcultura individualista do que da cultura coletivista em que foi criado, no lado sul de Chicago.

E o que dizer de Sharon, a amiga de Robert que o alerta sobre as regras diferentes que existem para os negócios no Oriente Médio — onde se esperava que seu colega Alvin pagasse uma propina para andar com a papelada? Sharon tem razão em um ponto: nas diversas partes do mundo, os negócios operam por regras diferentes. Mas temos que tomar cuidado ao pensar que regras e práticas diferentes são más apenas porque são diferentes ou por não estarmos habituados a elas. Há boas razões para ficar preocupado com os muitos dilemas éticos que aparecem em uma situação como a de Alvin. Quem é o maior responsável pelo dilema dele — o agente da imigração, o país que lhe paga mal ou os países desenvolvidos e suas empresas, que não atacam o problema e acabam perpetuando esse tipo de prática? Um maior conhecimento de IC evitaria que Robert criasse uma generalização estereotipada de que todas as empresas do

Oriente Médio agem dessa maneira. Mas também chamaria sua atenção para o fato de que procedimentos, contratos e políticas escritas não têm o mesmo compromisso formal nas sociedades de alto contexto do que os que surgem pelos relacionamentos e pelo tempo que as pessoas passam umas com as outras.

## Aumentando seu conhecimento de IC

Há uma enorme gama de informações disponíveis sobre várias culturas. Não se deixe intimidar. Comece com duas dessas estratégias para aumentar seu conhecimento de IC. Depois tente mais uma.

Identifique duas delas que você possa começar a utilizar agora para aumentar seu conhecimento de IC.

| | |
|---|---|
| ❑ 1. Estude uma cultura de perto.<br>❑ 2. Seja mais inteligente usando o Google.<br>❑ 3. Preste mais atenção ao que acontece no mundo. | Sistemas culturais e de negócios |
| ❑ 4. Vá ao cinema ou leia um romance.<br>❑ 5. Procure aprender os valores de uma cultura.<br>❑ 6. Explore sua própria identidade cultural. | Valores interpessoais e culturais |
| ❑ 7. Estude um novo idioma. | Sociolinguística |
| ❑ 8. Procure perspectivas diferentes.<br>❑ 9. Contrate um instrutor de IC. | Liderança |

Por qual delas você vai começar? E quando?

# 5. Estratégia de IC

Uma coisa é ter a motivação para encarar um trabalho ou uma relação intercultural e ainda ter um conhecimento básico sobre até que ponto as diversas culturas são semelhantes ou diferentes. Mas a verdadeira junção entre a vontade de ter IC, o conhecimento de IC e como nos comportamos com outras culturas é a estratégia de IC. Ela faz a seguinte pergunta: *Será que eu posso prever e me preparar adequadamente, tendo em vista as dinâmicas culturais e pessoais envolvidas?* Esse é um dos benefícios mais importantes da diferença que faz a inteligência cultural — a capacidade de aplicar sua motivação e seus conhecimentos às situações da vida real.

---

**Estratégia de IC:** Refere-se até que ponto você está ciente do que está acontecendo em uma situação que envolva outra cultura e sua capacidade de usar esse conhecimento para administrá-la de maneira eficiente.

*Pergunta fundamental:* O que eu preciso planejar para ser eficiente em uma situação que envolva outra cultura?

---

# 136 | VANTAGENS DA INTELIGÊNCIA CULTURAL

Quando Sana sai da sala de entrevista, ela liga para Haani e diz: "Foi a maior perda de tempo! Nunca vou conseguir esse emprego."

Ela conta tudo o que aconteceu, inclusive o fato de Robert ter começado a entrevista com meia hora de atraso e que ele era a única pessoa de terno e gravata na empresa. Enquanto contava tudo para o marido, Sana ficou convencida de que Robert estava disposto a fazer uma exibição de poder desde o começo. Ela questiona: "Que outro motivo ele teria para estar de terno escuro e começar a entrevista tão atrasado? O que ele queria era mostrar quem era o chefe! Como se eu não soubesse!"

Haani responde: "Não é nada disso. Ele é o CFO, tem que estar de terno. E os norte-americanos sempre se atrasam para tudo. Deve ser algo cultural."

Ela sabe que o fato de cobrir a cabeça deve ser meio constrangedor para seus contratantes em potencial e se pergunta se deveria ter ido à entrevista descoberta. Muitas de suas amigas muçulmanas em Detroit deixaram de cobrir a cabeça desde os tempos do ensino médio. Acham que é uma tradição ultrapassada. Mas Sana não acredita que o *hijab* seja um símbolo de opressão e se sente à vontade com ele. É melhor que um empregador a veja desse jeito do que ter uma surpresa mais tarde.

Enquanto isso, após algumas horas, Robert vai ter a grande reunião sobre a aquisição de uma unidade pela companhia do Oriente Médio e não tem tempo para se preparar. Pelo que leu dos relatórios que recebeu, parece que esse é um negócio que tem tudo para ser bom para os dois lados. Mas ele não consegue se livrar do medo causado pela história que Sharon contou sobre o rapaz de Cingapura que teve de pagar propina para trabalhar no Oriente Médio. Robert e sua empresa sempre se orgulharam de agirem com transparência e integridade. Inclusive, o sistema de justiça norte-americano acabou de convidar Robert para representar a empresa em uma conferência antitruste de alto nível a ser realizada em Washington, devido às práticas exemplares seguidas pela companhia.

Robert toma uma decisão: "Sabe de uma coisa? Sou um cara que vai direto ao assunto, e eles já devem saber disso. Simplesmente vou contar a eles o que Sharon me falou e ver como eles respondem a isso. A reação deles já vai me dizer muita coisa. Se nós estamos abrindo todos os nossos relatórios financeiros, o mínimo que eles podem fazer é responder à nossa preocupação sobre a prática de corrupção."

Uma semana depois, Robert já entrevistou todos os candidatos ao emprego, e é evidente que Sana é a pessoa mais indicada ao cargo. Quem ela forneceu como referência fez um monte de elogios. Ela também se saiu muito bem nos testes realizados pelo departamento de recursos humanos. E demonstra ter o equilíbrio necessário entre capacidade administrativa e habilidades sociais.

Robert é famoso por tomar decisões depressa. Mas essa, especificamente, tem sido muito difícil. Ele liga para o correio de voz de Sana, torcendo para ela não atender. E ela não atende. Ele só quer ver se consegue detectar algum tipo de sotaque estrangeiro na voz da candidata. Não há nenhum. Não tem nada na gravação que possa indicar que ela não seja uma autêntica norte-americana do Centro-Oeste. Não que Robert tenha alguma coisa contra estrangeiros. Afinal, ele é casado com uma alemã. Sua preocupação é com os clientes. Esses é que não os aceitam com a mesma facilidade, algo que ele conhece muito bem. Robert passa o tempo todo tendo que aguentar comentários racistas e comportamentos preconceituosos. Ele tem uma voz que normalmente é alta e exuberante, mas aprendeu a falar mais baixo, para que as pessoas não

## 138 | VANTAGENS DA INTELIGÊNCIA CULTURAL

ficassem com medo de um afrodescendente de 1,87m de altura como executivo financeiro. Então o que seus clientes vão fazer se entrarem em sua sala e derem de cara com alguém como Sana? A maioria das pessoas com quem se relaciona diariamente não vai saber como lidar com a situação.

Robert respira fundo. "O que estou pensando? É como se ninguém me dissesse toda semana o quanto sou 'eloquente' e 'bem articulado'." Ele não fala diferente de Joe, o CIO, chefe do setor de informação, que trabalha na sala ao lado. Mas Joe é branco e ninguém precisa dizer o quanto ele é articulado. Será que Robert não está fazendo com Sana tudo o que sempre fizeram com ele a vida inteira?

Robert se recusa a ser racista. Essa é a hora da verdade. Ele decide contratar Sana. Vai deixar de lado a formação étnica e religiosa dela e tratá-la simplesmente como um ser humano. "Independente da nossa imagem, somos todos iguais", pensa ele.

## O que a estratégia de IC tem a ver com isso?

A estratégia de IC é seu grau de conhecimento e sua capacidade de se planejar, diante do entendimento que você tem de uma cultura. Essa dimensão da inteligência cultural foi a que, no início, mais me intrigou. Encontrei muito material que tratava de culturas diferentes e algumas dicas bastante úteis sobre como me comportar. Mas, por meio das minhas próprias pesquisas e experiência pessoal, sabia que uma pessoa podia ser um verdadeiro expert em assuntos interculturais e, mesmo assim, na prática, um fracasso total. Existe todo um conjunto de questões sutis e subliminares que precisa ser compreendido. Uma coisa é saber que você e sua cultura têm uma maneira diferente de lidar com o risco (aversão às incertezas). E será que você sabe usar esse conhecimento e se comportar de maneira eficiente e respeitosa? A estratégia de IC é o elo entre o conhecimento e a ação. É isso o que realmente o coloca em uma turma de jogadores de outro nível nessa safra cultural.

Ajudaria muito se Sana e Robert tivessem uma melhor estratégia de inteligência cultural. As conclusões precipitadas que ela tira do fato de ele estar de terno e se atrasar para a entrevista são indicadores do nível de sua IC. E a identificação de Robert por ser parte de uma minoria é algo importante a notar, assim como sua decisão de ignorar as diferenças entre ele e Sana e de confrontar diretamente os empresários do Oriente Médio sobre seu medo da corrupção. Tudo isso indica uma estratégia de IC deficiente.

Repetindo, a estratégia de IC faz a seguinte pergunta: *Será que eu posso prever e me preparar adequadamente, tendo em vista as dinâmicas culturais e pessoais envolvidas?* A estratégia costuma ser uma habilidade em que a maioria dos entrevistados se mostra deficiente, porque muitos de nós somos obrigados a operar em um ritmo frenético, com pouco espaço para reflexões mais profundas. E é muito difícil desenvolvê-la sem um esforço deliberado e concentrado de reflexão. O termo técnico para a estratégia de IC é *metacognição*, que significa "pensar sobre o pensamento". Isso acontece quando você transcende as emoções e os pensamentos mais imediatos e procura observá-los de fora. E também quando faz o mesmo em relação às outras pessoas. Muita gente chama isso de "reflexões em ação" ou prática reflexiva.

Você demonstra ter uma estratégia de inteligência cultural elevada quando usa seu conhecimento sobre determi-

## 140 | VANTAGENS DA INTELIGÊNCIA CULTURAL

nada cultura para traçar um plano para uma situação ou trabalho em que vai se deparar com ela. Com uma estratégia de IC elevada, você vai estar em melhores condições de monitorar, analisar e ajustar seu comportamento em diferentes ambientes culturais. Você está ciente do que precisa saber sobre outra cultura, mas não leva essas conclusões ao pé da letra até vivenciá-las de fato. Pessoas com uma elevada estratégia de IC geralmente desenvolveram essa habilidade intuitivamente ou têm uma personalidade (como é o caso dos introvertidos) mais inclinada para a análise e a reflexão.

## Aferindo sua estratégia de IC

Como está sua estratégia de IC? Até que ponto você é capaz de dar sentido às diversas experiências culturais que teve e se planejar à luz de uma realidade que está sempre se modificando?

---

Nível da estratégia de IC:
Baseando-se no que você já aprendeu sobre estratégia de IC, como se classificaria? (circule a resposta)
*Baixo*          *Médio*          *Alto*

---

A estratégia de IC possui três áreas específicas (consciência, planejamento e monitoramento). Há pesquisas bem extensas que analisaram como essas várias dimensões da metacognição influenciam sua consciência e seu planejamento para lidar com outras culturas.[1] Veja as subdimensões descritas a seguir. Você se considera com um nível baixo, médio ou alto? Anote ao lado de cada uma.

### Consciência ——————

Mostra até que ponto você está ciente das dinâmicas pessoais e culturais que acontecem numa situação que envolva outras culturas. Um nível elevado indica sua alta atenção e observação com o que ocorre com você e com as outras pessoas durante essas interações. Um nível baixo indica que você mostrou ter pouca consciência do que acontece nas experiências com outras culturas.

### Planejamento ——————

Mostra até que ponto você separa um tempo para prever qual a melhor maneira de lidar com outra cultura em determinada situação. Um nível elevado indica que você planeja com antecedência e pensa em como deve trabalhar e se relacionar em uma situação que envolva outra cultura. Um nível baixo indica que você dá pouco valor a planejar de antemão como vai se sair em cenários interculturais.

### Verificação ——————

Mostra até que ponto você monitora se está se comportando de forma adequada em uma situação intercultural. Um nível alto indica que você está sempre aferindo se seus planos eram adequados. Um nível baixo indica que você não gasta muito tempo testando a exatidão das suas premissas e dos seus planos em uma situação que envolva outras culturas.

---

Essas três subdimensões — consciência, planejamento e verificação — formam as bases científicas para as estratégias que vêm a seguir. Você vai encontrar essas subdimensões ao lado da lista de estratégias no início da próxima seção. Nem todas se encaixam perfeitamente em uma única

## 142 | VANTAGENS DA INTELIGÊNCIA CULTURAL

subdimensão, mas elas foram organizadas de acordo com qual se aproximam mais. Use os níveis da autoavaliação das subdimensões da estratégia de IC para ajudá-lo a ver quais você deve utilizar primeiro (provavelmente aquelas relacionadas à dimensão em que se saiu pior).

## Melhorando sua estratégia de IC

Esta seção traz uma lista das técnicas que vão ajudá-lo a melhorar sua estratégia de IC. Todas foram baseadas em pesquisas científicas sobre a metacognição e a capacidade de flexibilizar o raciocínio em situações que envolvam outras culturas. Elas partem das três subdimensões de IC (consciência, planejamento e verificação). O importante não é utilizar todas imediatamente, pois há muitas maneiras de aumentar a estratégia de IC. Comece com aquelas que mais lhe interessarem.

| | |
|---|---|
| 1. Observe sem responder.<br>2. Pense de maneira ampla.<br>3. Concentre-se profundamente.<br>4. Faça um diário. | Consciência |
| 5. Planeje interações sociais.<br>6. Administre as expectativas.<br>7. Faça checklists. | Planejamento |
| 8. Reformule uma situação.<br>9. Verifique se está sendo preciso.<br>10. Faça perguntas melhores. | Verificação |

## 1. OBSERVE SEM RESPONDER

Uma maneira de incrementar sua estratégia de IC é perceber o que está acontecendo em uma situação que envolva outras culturas. A chave para o sucesso dessa estratégia é observar tudo aquilo que você vê... sem responder. Não se apresse a tirar conclusões a respeito daquilo que observa. Isso é contraintuitivo, porque o impulso natural é perceber alguma coisa e logo interpretar seu significado e reagir. Invariavelmente, formamos hipóteses (que geralmente estão mais para conclusões) sobre por que as pessoas se vestem de determinada maneira, ou por que há mais homens no mercado. Mas cuidado ao fazer um julgamento precipitado. Observe o que você está pensando e sentindo, mas não responda. Tente manter um distanciamento. Isso exige esforço, mas é possível treinar essa habilidade. A propósito, obrigar o cérebro a parar antes de julgar alguma coisa que ele observa pode realmente mudar os circuitos cerebrais em questão de semanas.[2]

Um dia desses, eu e um amigo, também norte-americano, estávamos embarcando em um avião na Tailândia quando ele disse: "A maioria dos asiáticos parece ser muito educada e reservada, mas só até a hora de entrarem em um ônibus ou avião. Aí é um empurra-empurra daqueles! Eles nunca dão espaço para alguém passar."

Sempre que vou à Ásia, costumo ouvir um ocidental fazer um comentário como esse. E já houve muitas vezes em que ser empurrado por uma bela velhinha chinesa me deixou irritado. Porém, nas palavras do antropólogo Grant McCracken, quando percebemos alguma coisa do gênero, precisamos parar e nos perguntar: "Hmm, por que será que isso acontece?"[3] Em vez de tirar conclusões precipitadas, observe a situação que achou estranha e reflita um bom tempo sobre ela.

Se você passar tempo suficiente analisando a multidão se movimentando na Ásia, vai perceber que empurrar os outros geralmente é uma necessidade naquele lugar. Muitas vezes, não dá para sobreviver simplesmente usando a frase ensinada por seu antigo professor de primário: "Fiquem na fila que todo mundo vai ter sua vez." Porque *nem todo mundo* vai ter sua vez. Alguns serão deixados para trás, e certo nível de agressividade passa a ser necessário para a sobrevivência.

Gregory David Roberts, em seu espetacular romance *Shantaram*, chama isso de "doutrina da necessidade". Ele sugere que a quantidade de força e violência necessárias para entrar em um trem na Índia não é nem maior nem menor do que o grau de consideração e de educação necessário para ter certeza de que a viagem naquele trem apinhado será a mais agradável possível. Ele escreve que "se houvesse um bilhão de franceses, australianos ou norte-americanos habitando um espaço tão exíguo, a luta para entrar em um trem seria muito maior, e a gentileza, muito menor".[4]

É verdade que as pessoas que entraram no avião comigo e com meu amigo já tinham o lugar "garantido". Mas nós não desaprendemos as estratégias de sobrevivência de uma hora para outra, mesmo que elas não se apliquem a determinado momento.

Ter percebido como Robert estava vestido, de forma diferente de todas as pessoas da empresa, é um bom indicador de consciência para Sana. Mas é perigoso quando ela começa a pensar que sabe por que ele está de terno. O mesmo se aplica ao atraso de meia hora para o início da entrevista. Tanto Sana como Haani estão fazendo um jul-

146 | VANTAGENS DA INTELIGÊNCIA CULTURAL

gamento precipitado do que acabou de acontecer. Robert também fez várias deduções equivocadas, principalmente com base no nome de Sana e no fato de ela cobrir a cabeça. Do contrário, não teria qualquer outro motivo para pensar que ela fosse muçulmana.

Olhe à sua volta. Observe alguma coisa e se pergunte: "Hum, por que será que isso é assim?" Por que o aeroporto é organizado desse jeito? O que está por trás das roupas que as pessoas usam para trabalhar aqui? O que essa newsletter mostra sobre tal empresa ou organização? Com o tempo, você será capaz de formar interpretações mais apuradas sobre as coisas. Mas, por enquanto, mantenha todas as conclusões em suspenso. Observe sem responder.

## 2. PENSE DE MANEIRA AMPLA

Outra maneira de incrementar sua estratégia de IC é treinar a mente para pensar de uma maneira mais ampla. O quanto você ficará à vontade com isso vai depender de sua personalidade. Todas as pessoas têm aquilo que os psicólogos chamam de *forma de categorização* (*category width*) (vide Figura 5-1). Ela mostra até que ponto você se sente à vontade com as coisas que não se encaixam perfeitamente em uma categoria ou em outra. Sua forma de categorização é definida por sua personalidade, formação e cultura.

**Figura 5-1** Forma de categorização

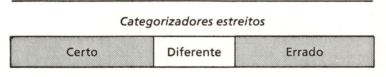

Baseado nos conceitos de T. F. Pettigrew, "The Measurement and Correlates of Category Width as a Cognitive Variable". *Journal of Personality*, ed. 26: 1958. p. 532-544.

Fui criado com uma forma de categorização bem rigorosa. Meu avô tinha um mantra que era repetido muitas vezes lá em casa: "Se estiver em dúvida, não faça." A ideia era evitar qualquer coisa que estivesse na "zona de perigo". E, francamente, havia poucas coisas lá em casa que eram chamadas

148 | VANTAGENS DA INTELIGÊNCIA CULTURAL

de *perigosas*. Meus pais tinham um monte de regras sobre a maneira como eu deveria me vestir, o tipo de acontecimento social a que eu deveria comparecer, o comprimento do meu cabelo, e muito mais. De certa maneira, era uma educação bem estável. Não havia muito espaço para ambiguidade. A maior parte do mundo podia ser dividida entre certo e errado.

Entrar na faculdade, duvidar da minha fé e viajar para o exterior aumentaram consideravelmente minha forma de categorização. Ainda há coisas que considero certas ou erradas. Aliás, há coisas que incluo nessas categorias sobre as quais nunca me importei muito quando era mais novo: pobreza, meio ambiente, direitos humanos etc. Contudo, hoje em dia costumo ter categorizações mais amplas do que antes. Há tanta coisa que não parece certa ou errada, apenas diferente... Pense em como você reage a essa afirmação — provavelmente isso vai servir como uma indicação de sua própria forma de categorização. Se você sente repulsa pelo que parece ser uma visão meio maluca do mundo, isso deve indicar que você tem uma forma de categorização mais estreita. Não há nada de errado nisso (como você vê, eu também tenho uma forma de categorização, portanto não tem problema você ser "diferente" de mim). Mas uma categorização estreita aumenta muito a dificuldade no momento de interpretar as diferenças culturais.

As pessoas que têm categorias mais estreitas se concentram nas diferenças. Elas observam o comportamento das pessoas de outras culturas e as categorizam com base no que aquelas ações significariam em seu próprio contexto. Por exemplo, uma pessoa munida de uma categorização mais estreita acredita que há certas palavras que *devem* e que *não devem* ser utilizadas por pessoas educadas, roupas que os homens *não devem* vestir e regras que os casais *devem* obedecer. Quando não há uma categoria em que encaixar o comportamento de um indivíduo, esses categorizadores estreitos acham que isso é apenas uma exceção e não pensam sequer na possibilidade de que essa seja uma categoria completamente diferente.[5] As pessoas que têm uma forma de categorização estreita são muito mais rápidas em dizer que as coisas estão certas ou erradas.

Categorizadores mais amplos geralmente demonstram mais tolerância por aquilo que não se encaixa em categorias pré-existentes. Eles põem as coisas mais discrepantes na mesma categoria. Por exemplo, podem reconhecer com mais facilidade que uma relação saudável entre pais e filhos, em determinado contexto cultural, pode ser bem diferente daquilo que se chamaria de uma relação saudável em sua própria cultura. E os categorizadores amplos são mais propensos a colocar os comportamentos "novos" que observam em outras culturas na categoria de "diferente", em vez de discriminar entre certo e errado, ou normal e "esquisito". Aliás, essa não é necessariamente uma distinção entre "liberais" e "conservadores". Já conheci liberais extremamente intolerantes em relação a pessoas de mentalidade mais conservadora pelo simples fato de suas crenças e ideais serem diferentes. Você pode ser "liberal" e mesmo assim categorizar as pessoas de uma maneira estreita.

150 | VANTAGENS DA INTELIGÊNCIA CULTURAL

Quando treinamos a mente para pensar de um modo mais amplo, melhoramos a estratégia de IC. Um jeito prático de fazer isso é enxergar o quadro geral, em vez de apenas os detalhes. Aqui também é sua personalidade que vai determinar o quanto você se sentirá à vontade com isso. E todas as comunidades e organizações precisam tanto das pessoas que pensam em termos gerais quanto daquelas que se preocupam com os detalhes. O objetivo aqui não é dizer às pessoas mais detalhistas que elas têm que mudar, e sim que uma das maneiras de melhorar a estratégia de IC é se erguer, por algum tempo, acima de uma atenção muito grande aos detalhes para enxergar o quadro geral.

Jason Fried e David Heinemeier Hansson, os empreendedores de software que criaram ferramentas como o Basecamp e o Campfire, dizem que, quando começam a desenhar, sempre usam caneta de ponta grossa, em vez de uma caneta esferográfica. Para eles, essas canetas são finas demais e têm uma tendência a deixá-los atolados nos detalhes. Mas uma grossa os obriga a fazer um rascunho do quadro geral antes de mergulhar nos detalhes que também são importantes.[6]

Alguma coisa acontece nos neurônios quando o cérebro começa a pensar de maneira mais ampla e global. É muito difícil que os insights criativos ocorram quando estamos cercados de muitos detalhes. Quando estiver em um impasse sobre como realizar alguma coisa, geralmente o melhor a se fazer é se distanciar um pouco, pensar em outras coisas e depois voltar ao assunto.[7] Esse hábito absolutamente básico está relacionado ao desenvolvimento da estratégia de IC. O trabalho multicultural geralmente exige que você adapte sua maneira de pensar ao lidar com situações imprevisíveis. Quando você aprender a pensar de uma maneira mais ampla, passa a compreender e interpretar melhor as diferenças que encontrar nas diversas culturas.

## 3. CONCENTRE-SE PROFUNDAMENTE

Essa próxima estratégia é exatamente o oposto da anterior. Assim como alargar a mente pode aumentar nossa estratégia de IC, ajudando-nos a lidar com as situações imprevisíveis, um pensamento profundo e concentrado nos ajuda a prestar atenção naquilo que de outra maneira teria passado despercebido. E precisamos treinar a mente para fazer as duas coisas: pensar amplamente e se concentrar profundamente.

Essa estratégia parte daquilo que costuma ser chamado de treinamento da atenção completa. *Atenção completa* quer dizer estar plenamente consciente de tudo aquilo que acontece dentro do seu corpo, sua mente e sua consciência, estendendo essa mesma atenção ao meio que está envolvido. Em uma situação que envolve outra cultura, a atenção completa pode nos ajudar a sair do piloto automático da maneira como pensamos e nos comportamos. É muito fácil mandar um e-mail, contar uma piada ou nos sentir desmotivados por uma plateia fria sem pensar muito no assunto. Nosso cérebro funciona no piloto automático, como uma maneira de lidar com as muitas coisas que ficam chamando nossa atenção. Entretanto, em uma cultura diferente, até o trabalho de mandar um e-mail ou bater um papo, para ser bem-feito, vai exigir mais atenção de nossa parte.

Até que ponto as próximas frases se aplicam a você?

- Costumo dirigir no "piloto automático" e depois me pergunto o que fui fazer ali.
- Para mim é difícil me concentrar no que está acontecendo no presente.

- Costumo não perceber as sensações de desconforto ou tensão física até que elas realmente exijam minha atenção.
- Parece que estou sempre no "piloto automático", sem prestar muita atenção no que faço.
- É muito comum eu ouvir alguém com um dos ouvidos, e ao mesmo tempo fazer outra coisa.

Esse é o tipo de comportamento descrito pelos psicólogos Kirk Brown e Richard Ryan na Mindful Attention Awareness Scale [Escala de Consciência da Atenção Completa].[8] Quanto mais as frases acima se aplicarem a você, mais se beneficiará de treinar a mente para se concentrar, o que, por sua vez, vai aumentar sua estratégia de IC.

Aqui vão alguns exercícios para ajudá-lo a se concentrar mais profundamente:

- Escolha um som no mundo exterior e concentre-se nele por 30 segundos. Não permita que o pensamento voe. Se isso acontecer, volte a se concentrar no som.
- Sente-se em silêncio por 60 segundos e veja para onde sua mente se dirige. Siga a trilha dos pensamentos. O que você descobriu?
- Concentre-se em algum tipo de informação que venha de fora. Pode ser um som, uma imagem, um aroma, uma sensação, o que for. Você pode até pensar nas sensações do seu corpo nesse exato instante, enquanto está sentado nessa cadeira. Preste muita atenção à textura do tecido ou ouça o canto de um passarinho. Faça isso por 10 segundos, começando agora. (...) Você pode ter achado que é difícil se concentrar em uma única fonte de informação, mesmo que por dez segundos. A mente quer sempre absorver mais. Talvez tenha deixado passar a sensação

## 154 | VANTAGENS DA INTELIGÊNCIA CULTURAL

ou o som por ter começado a pensar em mais alguma coisa (como, por exemplo, o que é que eu vou comer?). Sua mente está sempre querendo passar para o próximo assunto, de modo que o exercício da atenção completa é necessário para diminuir o ritmo e passar mais tempo absorvendo o que há à nossa volta.[9]

- Ande pela rua e preste muita atenção nas sensações do seu corpo enquanto dá um passo depois do outro. Concentre-se no "simples" ato de caminhar.

Se você fizer esse tipo de exercício com frequência, vai perceber com mais facilidade como a mente viaja, o que, por sua vez, pode levá-lo a níveis mais altos de consciência ao trabalhar e se relacionar com outras culturas. Meditar e treinar formalmente a atenção completa é uma maneira de se tornar mais atento. Há muitas opções disponíveis, tanto religiosas como seculares. O pensamento concentrado vai ajudá-lo a captar aquelas deixas simples sobre o que está acontecendo em seus encontros com pessoas de outras culturas, que de outra forma passariam despercebidas. Entre em uma aula de ioga e aumente sua estratégia de IC ao mesmo tempo.

## 4. FAÇA UM DIÁRIO

Leve um diário com você por umas duas semanas quando viajar ao exterior e anote suas observações e insights sobre as ocasiões em que tiver que lidar com outras culturas. Comece a analisar o significado por trás daquilo que você observa. Cuide apenas para não tirar conclusões rápidas demais sobre suas impressões antes de ter a chance de testá-las com mais cuidado.

O diário é para você anotar tudo aquilo que percebe (a primeira estratégia tratada aqui). É um bom lugar para traçar suas hipóteses iniciais sobre por que as coisas são como são. Não julgue rápido demais, mas faça essas perguntas a si mesmo.

Ao escrever o diário, não se limite apenas a narrar os acontecimentos do dia. Registre suas frustrações, descreva como se sentiu quando certos eventos aconteceram e anote as perguntas que afligem sua mente. Não escreva para o público em geral. Seu diário é um lugar seguro para confessar seus preconceitos, medos, queixas e inseguranças.

Além de registrar suas observações sobre as outras pessoas, preste atenção no que está acontecendo em si mesmo. Tente sair de seu corpo e se observar da maneira mais objetiva possível. Imagine ver a si mesmo pelos olhos de outra pessoa.[10] Esse tipo de autoconhecimento é importante, porque geralmente desconhecemos a maioria das influências que moldam nosso comportamento. Boa parte dele e dos nossos padrões de pensamento estão distantes da consciência diária.[11]

Fazer um diário também pode ajudá-lo em outras estratégias dessa seção, como ser mais atento e "perceptivo".

Como falei, a estratégia de IC exige que você desligue uma parte do comportamento semiautomático e se distancie um pouco para perceber o que está observando, pensando e sentindo. Por exemplo, você pode se sentir irritado, chateado ou solitário no meio de um encontro com pessoas de outra cultura. Escreva sobre isso no diário. Se não tiver a menor ideia de por que está se sentindo desse jeito, não há problema. O simples hábito de escrever vai ajudá-lo a transcender o fato de ser meramente caracterizado pela solidão ou pela irritação, além de isso ser ótimo para dissipar a energia que você está canalizando para esses sentimentos.

Use o diário para prestar atenção às suas divagações internas. Quando lida com alguém de outra cultura, uma conversa poderosa também está se passando dentro de você, assim como todo tipo de conexão neurológica. Seu sistema nervoso está o tempo inteiro processando, reconfigurando e reconectando trilhões de conexões que acontecem a cada instante no seu cérebro, o que é chamado de *atividade neural ambiental* (ambient, neural activity). Um estudo mostrou que as pessoas costumam manter um pensamento por dez segundos, em média, antes de a mente passar para outro.[12] Capture esses pensamentos por um pouco mais de tempo ao escrever sobre eles.

Escreva à mão, em um diário de papel, em vez de em um computador. Pensamos de forma diferente quando escrevemos à mão. Isso acontece, em parte, porque passamos tanto tempo teclando que o simples processo tátil de escrever no papel com uma caneta acaba nutrindo um raciocínio mais lento e mais reflexivo que induz o valor de manter um diário. Isso também aumenta nossa capacidade de interpretar a enorme quantidade de sinais que recebemos nas situações interculturais.

Compartilhe os insights que você escreve no diário com alguém de sua confiança. Uma das maiores vantagens de escrever um diário é a possibilidade de voltar as páginas e ler suas ideias em um momento posterior. Leia suas impressões por algumas semanas, um ano ou até mesmo vários anos mais tarde. Escrevo diários desde o ensino médio. Não precisa ficar impressionado. Para mim, é uma terapia — e, com certeza, houve intervalos em que passei um bom tempo sem escrever uma palavra. Mas voltar no tempo e reler como descrevi as diferentes circunstâncias e realidades ao me deparar com outras culturas é uma experiência sempre transformadora, divertida, ilustrativa e, às vezes, dolorosa.

Escrever permite compreender a nós mesmos e as outras pessoas de uma maneira que poucas outras coisas permitem. É um ato que nos obriga a diminuir a velocidade e a nos tornarmos mais conscientes do que nos rodeia e do significado das coisas.

Robert e Sana parecem estar se dedicando a uma auto-observação saudável. Robert pensa na própria vivência como afrodescendente e reflete sobre como isso afeta sua decisão de contratar Sana. Ela, por sua vez, calcula se é correto remover o lenço que cobre sua cabeça. Se tirassem algum tempo para escrever a respeito — não para os outros, apenas para si mesmos —, poderiam desempenhar um papel significativo em aumentar suas estratégias de IC.

## 158 | VANTAGENS DA INTELIGÊNCIA CULTURAL

## 5. PLANEJE INTERAÇÕES SOCIAIS

Quanto mais pessoal for a interação que você tiver, sendo de uma cultura diferente, maior deve ser o desafio e o potencial para um conflito. Interagir em um restaurante com um garçom de outra cultura, por exemplo, pode ser um pouco difícil em um espaço limitado. Ter aula ao lado de alguém de outro país já representa um desafio maior, e se tiverem que fazer um trabalho juntos, o desafio aumenta ainda mais. Casar-se com alguém de formação cultural diferente seria o maior desafio intercultural. Em geral, os encontros sociais formam os momentos em que mais sentimos o abismo entre nós e os que vêm de culturas diferentes. Engenheiros de formações culturais diferentes podem até se sentir relativamente à vontade trabalhando o dia inteiro juntos, mas ficariam extremamente confusos tomando um drinque depois do trabalho.

Uma maneira de deixar esses encontros menos desconfortáveis e ao mesmo tempo aumentar a estratégia de IC seria planejá-los de antemão quando for passar um tempo com alguém de uma cultura diferente, especialmente em um contexto social. Se for tomar um café com alguém que tenha uma formação parecida com a minha, há uma boa chance de eu conseguir me virar, porque conheço as regras básicas da conversa social, as piadinhas e a que assuntos devo me ater. No entanto, se eu for tomar um café com alguém de uma cultura diferente, o simples fato de tirar alguns minutos para pensar nas perguntas mais adequadas a fazer, o que compartilhar e como me relacionar com essa pessoa já é uma boa maneira de incrementar minha estratégia de IC, ao mesmo tempo em que melhoro essa interação. Algumas das coisas que aprendi com o conhecimento de IC vão me ajudar a planejar melhor. Quando eu for ao tal encontro, posso até descobrir que meus planos não foram os mais adequados. Mas o simples fato de ter parado para pensar e me preparado vai melhorar minha estratégia de IC. Isso é ainda mais importante se tiver que me confrontar com alguém, lidar com um assunto potencialmente constrangedor — como dinheiro — ou fazer uma análise de desempenho.[13]

Se Robert tiver uma interação social com Sana, deve imaginar qual a melhor maneira de agir. Isso pode deixar pessoas como Robert meio confusas, porque ele é um sujeito extrovertido, que lida facilmente com as interações sociais. Pessoas extrovertidas às vezes ficam ainda mais desorientadas durante as interações do que as introvertidas, porque os extrovertidos estão acostumados a se relacionar com facilidade e naturalidade. Tirar alguns minutos para imaginar qual a melhor maneira de socializar com alguém que venha de outra cultura vai melhorar sua estratégia de IC e provavelmente incrementar a qualidade e a eficácia da própria interação.

## 6. ADMINISTRE AS EXPECTATIVAS

Administrar as expectativas (boas e ruins) é uma das coisas mais importantes a se fazer no momento em que estiver trabalhando sua estratégia de IC. A melhor maneira de fazê-lo é prestar atenção nelas. Concentre-se nas suas expectativas para uma experiência intercultural que esteja por vir. O que você acha que vai acontecer? O que espera aprender? Quais são seus medos e esperanças? Que premissas nutre sobre as pessoas dessa cultura? Que julgamentos terá que manter em suspenso? Anote tudo. Converse com outras pessoas.

Expectativas não cumpridas são uma das experiências mais importantes a evitar, se possível. David Rock, que já escreveu muita coisa sobre cérebro e liderança, diz que: "Os grandes líderes administram as expectativas com o maior cuidado para evitar decepções."[14] Esse é um equilíbrio muito precário, porque ter metas e expectativas pode, por si só, gerar motivação. Pense em como é boa a sensação de riscar alguma coisa da sua lista de tarefas. As expectativas alteram a maneira como seu cérebro percebe o mundo e atendê-las reforça a maneira como ele as encara. Rock diz que devemos encontrar maneiras de desenvolver expectativas realistas e então colocá-las em um patamar um pouco mais baixo, de modo que sempre possamos superá-las. Quando uma expectativa positiva não puder ser cumprida, reformule a situação de maneira que o resultado alternativo possa acabar sendo melhor do que o que você esperava no começo.

DAVID LIVERMORE | 161

Se estiver viajando para um lugar distante, considere se as expectativas que você criou foram adequadas. Será realista pensar em trazer de volta um contrato assinado, se essa é apenas a primeira vez que você se reúne com esse cliente? Será realista pensar que vai voltar de um programa de imersão em espanhol totalmente fluente? Ou não haveria expectativas menores e mais apropriadas, como ser convidado a mandar uma proposta ou participar de uma excursão de compras sem falar inglês?

Esse tipo de estratégia também pode ser utilizado nos nossos encontros cotidianos com pessoas de outras culturas. Quando tiver aula com alguém de uma cultura diferente, que expectativas realistas você poderá formular que venham a beneficiá-lo? Se for se encontrar com colegas de profissão, que diferenças culturais podem surgir? Como você acha que isso vai moldar o futuro? Prever uma experiência realista desempenha um papel fundamental na maneira de lidar com ela.

O sociólogo norte-americano Robert Merton estudou de que maneira as expectativas dos recrutas do exército dos Estados Unidos influenciavam sua adaptação à cultura militar. Quanto mais realisticamente os soldados imaginavam os valores e as normas da instituição, mais chances tinham de serem promovidos e terem sucesso.[15] Da mesma maneira, quando executivos globais preveem com exatidão o que se espera deles em situações interculturais, acabam se adaptando melhor conforme as necessidades.[16]

Seja ao entrar em uma nova cultura de trabalho, casar-se com alguém de outra origem étnica ou religiosa

## 162 | VANTAGENS DA INTELIGÊNCIA CULTURAL

ou ter um cliente estrangeiro, tire algum tempo para examinar o panorama que vai encontrar ao lidar com essa outra cultura.

DAVID LIVERMORE | 163

## 7. FAÇA CHECKLISTS

O uso de algo tão simples e antigo quanto uma checklist é outra maneira pela qual é possível incrementar a estratégia de IC. Vivemos em um mundo complexo, que fica ainda mais complicado em situações multiculturais. Atul Gawande, cirurgião e professor da faculdade de medicina de Harvard, dá uma sugestão extremamente simples para lidar com as questões mais complicadas da vida: fazer uma checklist.[17] Militares, pilotos de avião, chefes de cozinha e cirurgiões, todos veem o valor básico de uma checklist. O simples processo de elaborar uma dessas listas antes de um encontro com alguém de outra cultura pode ajudá-lo a realizar aquele planejamento que é tão fundamental para a estratégia de IC.

O Dr. Gawande observa que as pressões e as complexidades de muitas profissões atualmente acabam deixando assoberbados até mesmo os melhores funcionários. Ele sugere que riscar as coisas de uma lista de tarefas pode evitar erros e atalhos impróprios. Após examinar checklists de cozinheiros, pilotos, construtores e investidores, seu foco principal foi em sua própria área de atuação — a medicina —, em que checklists com coisas simples, como lavar as mãos, reduziram dramaticamente as infecções hospitalares e outras complicações. E isso pode ser muito relevante ao trabalhar com outras culturas.

Quando estiver trabalhando com pessoas de outras culturas, tirar algum tempo para se planejar e fazer uma checklist pode evitar que você faça um ajuste que esteja convicto de que seja necessário, mas acabe prejudicando seriamente o resultado geral. A natureza meio confusa de

## 164 | VANTAGENS DA INTELIGÊNCIA CULTURAL

fazer alguma coisa com pessoas de outras culturas aumenta ainda mais o valor das checklists para que você possa se comportar de uma maneira consistente com seus princípios. Se estiver diante de uma chance de fechar um negócio de um milhão de dólares, não perca a cabeça. Passe os olhos em uma lista criada em um momento mais objetivo para ter certeza de que isso é mesmo o melhor para a empresa. Ou então pode ser algo tão básico como ajudar os outros viajantes a planejarem coisas de rotina, como levar todos os remédios, onde encontrar água filtrada, o traslado do aeroporto etc.

Executivos encarregados de chefiar outras pessoas em viagens para lugares de culturas diferentes devem preparar checklists para serem usadas em situações de emergência:

❑ Para quem telefonar primeiro?
❑ Onde obter ajuda 24h?
❑ Onde conseguir as informações necessárias?
❑ Qual o telefone da embaixada mais próxima?

Melhorar sua estratégia de IC pode ser algo tão simples quanto elaborar algumas checklists. O simples fato de fazê-las pode ser uma maneira tangível de planejar para lidar com outras culturas.

## 8. REFORMULE UMA SITUAÇÃO

Muito do que nos deparamos em uma situação intercultural está fora do nosso controle, mas você pode pelo menos conter a interpretação do que está acontecendo. Reformular ou reavaliar significa modificar a avaliação de alguma coisa. Nosso cérebro faz isso o tempo todo. Você ouve um estampido alto e pensa que é um tiro. Talvez até entre em pânico, só para descobrir que o estampido vinha de fogos de artifício que estavam sendo usados em alguma festividade por perto. O cérebro imediatamente se reorienta do medo para a animação ou a neutralidade.

Pergunto-me muitas vezes como as pessoas conseguem sobreviver à morte trágica de um cônjuge ou de um filho. Espero nunca ter que descobrir isso pessoalmente. Parte de como lidar com a situação está na maneira como elas a reformulam. As melhores recuperações acontecem quando as pessoas conseguem reordenar suas vidas e seu futuro. Estudos revelam que, seis meses após ficarem paraplégicas, muitas pessoas podem sentir-se tão felizes como alguém que ganhou na loteria. Isso acontece porque o cérebro recalibra a vida para um novo conjunto de circunstâncias.[18]

Reformular a interpretação que você dá às circunstâncias faz parte de como treina seu cérebro para ser flexível em situações que envolvam outras culturas. A reformulação começa ao rotularmos uma emoção ou reação a alguma coisa. Dê um nome a ela (por exemplo, "estou irritado porque ninguém consegue me informar direito como faço para chegar ao meu hotel"). Rotule, mas não fique obcecado, ou vai acabar mais ansioso. Basta dar um rótulo rápido, com algumas palavras ou uma frase pequena. Depois, volte sua

# 166 | VANTAGENS DA INTELIGÊNCIA CULTURAL

atenção para outro estímulo, afaste sua energia da frustração e canalize-a para a solução do problema.

Reformular as coisas é extremamente útil em situações interculturais nas horas em que estamos com raiva. Se você está irritado e seu interlocutor não, há uma boa chance de você o estar culpando por alguma coisa que ele nem faz ideia do que é. Parar e perceber que isso pode ser explicado por diferenças e premissas culturais pode ajudá-lo a reavaliar a situação, em vez de deixar a raiva crescer e distraí-lo.

Para obter resultado, uma reavaliação exige o feedback dos outros. Os colegas podem nos ajudar a interpretar as circunstâncias. Ainda mais quando estivermos muito irritados ou zangados, é aí que precisamos de companheiros que nos ajudem a reformular os acontecimentos. Converse com eles. Anote tudo. Dê um rótulo. Depois, parta para a ação.

Os estudiosos do cérebro dizem com frequência que o estresse não é necessariamente ruim. A questão é como lidar com ele. Quando você aprende a lidar com o estresse agudo reavaliando uma situação, aumenta sua estratégia de IC e sua eficiência em geral. Observe as coisas que o deixam mais ansioso e arranje uma maneira de reduzir os efeitos antes que o prejudiquem.[19]

## 9. VERIFIQUE SE ESTÁ SENDO PRECISO

Muitos dos instrumentos para desenvolver a estratégia de IC se baseiam em prestar atenção e observar o que está acontecendo, para então criar os planos adequados à luz daquilo que depreende da situação. Mas uma ferramenta fundamental que ainda temos que acrescentar é como verificar se suas premissas e planos foram mesmo adequados. Procure maneiras de testar a exatidão de seus planos, observações e interpretações.[20]

Há pouco tempo, conheci um executivo das Filipinas chamado Bayani que queria que eu fizesse um treinamento de inteligência cultural em sua empresa. Bayani dirige uma empresa filipina que atua em toda a Ásia e Oriente Médio. Nosso único contato anterior foi uma troca de e-mails. Descobrimos que nós dois estaríamos em Hong Kong na mesma época, por isso marcamos um jantar de negócios. Ela já havia me explicado o que queria que eu fizesse por sua empresa, mas não tínhamos conversado sobre contratos ou preços. Como a cultura filipina dá valor à construção de uma relação de confiança passando algum tempo juntos, eu não tinha a menor intenção de tocar no assunto dinheiro logo no primeiro encontro.

Para ser sincero, nem sabia como e quando deveria levantar essa questão, porque também não parecia culturalmente adequado fazer isso em um e-mail de follow up. Meu plano era conhecê-lo pessoalmente e saber mais sobre a empresa, ver de que maneira poderíamos trabalhar juntos e deixar as questões contratuais para uma discussão posterior. Assim que fizemos o pedido, Bayani perguntou: "E então, quanto isso vai me custar?"

## 168 | VANTAGENS DA INTELIGÊNCIA CULTURAL

Pensei que ele estivesse se referindo à conta do restaurante. "Nada. A conta é minha", respondi.

"Ah, não. Não é isso. Estou falando do treinamento", retrucou.

Logo deixei de lado o plano de evitar qualquer discussão sobre dinheiro, mas continuei sem dar uma resposta direta. Ainda estava tentando descobrir se essa era maneira que ele achava certa de lidar com um norte-americano ou se o preço era o que ele queria negociar. Respondi que poderia fazer o treinamento, mas que adoraria saber mais sobre ele e a empresa antes de entrar na questão financeira. Bayani não quis discutir: "O que eu quero saber é o preço."

A essa altura, eu já podia ver que as premissas que tinha adotado quando fui para o jantar estavam completamente equivocadas, por isso passei a falar de forma mais direta sobre o lado financeiro, e ele me respondeu de maneira positiva. Mesmo assim, era um risco. Não posso partir do princípio de que uma conversa com outro filipino vá correr da mesma maneira. Mas tive que improvisar no caminho, já que a interação estava tomando uma direção diferente da que eu planejara.

Já dá para perceber como várias dessas estratégias funcionam juntas: prestar atenção às mensagens invisíveis, estar ciente de como se é percebido e ajustar o plano proposto de acordo com o entendimento cultural. Tudo isso é absolutamente necessário. É claro que não parei e pensei nisso naquele momento. Talvez até devesse, mas tive que me adaptar enquanto reagia. E posso dar um monte de exemplos em que não entendi as deixas, não fiz os ajustes necessários e acabei fracassando.

Faça o trabalho duro de se planejar para esse tipo de interação, mas depois teste o plano para ver se ele funciona mesmo. Suas observações se encaixam naquilo que os entendidos disseram sobre como as pessoas de determinada cultura costumam se comportar? (Isso exige conhecimento de IC.) Continue a fazer suas observações em outros ambientes e com outras pessoas. Enquanto estiver procurando mais informações sobre o mesmo assunto, elas confirmam ou negam as interpretações que você vinha fazendo? E, sobretudo, encontre alguém com quem possa discutir suas interpretações. Use um treinador cultural como o que descrevemos no capítulo 4. O ideal é que você tenha uma pessoa que compreenda tanto sua formação cultural quanto a cultura que está observando. Se possível, também pode testar a exatidão de suas premissas com o seu interlocutor. Pergunte se sua percepção está certa. Para isso, pode ser preciso fazer uma pergunta um tanto indireta. Seja criativo. Mas arranje uma maneira de testar a exatidão daquilo que está percebendo.

Pratique essa estratégia formulando uma hipótese sobre determinada situação cultural que você observou. Então teste a hipótese fazendo uma interpretação e tocando no assunto com uma série de pessoas das culturas envolvidas e veja o que acontece.

## 10. FAÇA PERGUNTAS MELHORES

As perguntas são fundamentais para se aprimorar a estratégia de IC. Questione aquilo que você observa. Questione suas premissas e encontre maneiras adequadas de fazer perguntas aos outros. Escute com atenção as respostas — principalmente aquilo que *não* é dito. Depois, teste o que você aprendeu fazendo as mesmas perguntas em situações diferentes e a outras pessoas. A arte de fazer boas perguntas é uma das maneiras mais importantes para desenvolver sua estratégia de IC.

Uma das melhores formas de fazer isso é estar sempre se perguntando "por quê?" Da mesma maneira que algumas crianças vivem perguntando "Por quê? Por quê? Por quê?" aos pais, esse pode ser um método excelente de ir além das observações superficiais e ter insights mais profundos sobre o que está acontecendo em determinada situação intercultural. Quando vivenciar alguma coisa que o deixe desorientado por causa de alguma diferença cultural, pergunte-se *por quê*. Tente ir mais além ao analisar o que pode estar por trás do que observa.[21]

É assim que Robert poderia aplicar essa estratégia. Ele pensa que *contratar Sana pode criar dificuldades com os clientes.*

Por quê?

*Porque eles não se sentem à vontade com pessoas que tenham os costumes dela.*

Por quê?

*Porque existem muitos preconceitos subliminares contra árabes e muçulmanos.*

Por quê?

*Por causa do 11 de Setembro, da segregação racial, da maneira como a mídia retrata os muçulmanos e de preocupações como essas.*

Já deu para entender, certo? Algumas das respostas que dermos podem não ser as mais exatas. Por isso, temos que utilizar também a estratégia anterior: verificar se estamos sendo precisos. Mas o mais importante ao fazer essas perguntas é analisar profundamente o que está por baixo dos sintomas e verificar quais são as causas fundamentais de uma situação. Observe uma situação que envolva várias culturas e pergunte: *Por quê? Por quê? Por quê?*

Pratique isso quando estiver em uma reunião e alguém defender um ponto de vista. Ou quando estiver ouvindo uma apresentação ou vendo o noticiário. Cuidado ao perguntar às pessoas, porque isso pode acabar gerando respostas defensivas. É melhor começar com perguntas mais indiretas, como por exemplo: "Você pode me explicar melhor por que...?", ou "O que você acha que está realmente acontecendo?".

Outras perguntas também podem ser utilizadas para ajudá-lo a traçar uma estratégia de IC mais profunda, quando estiver viajando para culturas diferentes. Por exemplo, algumas perguntas que você pode debater com um amigo ou no seu diário seriam:

- Qual é o som dominante daqui?
- Quais são os cheiros dominantes?
- Quais são os objetos mais óbvios que eu vejo?
- O que eu *não* vejo?
- Como os jovens são vistos? E os idosos?

Perguntas úteis e pertinentes exigem um raciocínio mais elevado. Aprenda a fazer uso delas para aprimorar sua estratégia de IC.

## De volta ao escritório

Robert e Sana dão sinais bastante promissores de autoconsciência. Ambos parecem moderadamente atentos a seus comportamentos, pensam sobre suas interações e tentam entender o que está por trás de tudo o que acontece. Isso indica uma maior habilidade no campo da estratégia de IC.

No entanto, ainda precisam ir mais devagar na hora de interpretar as coisas. Sana e Haani tiram conclusões rápidas demais ao decifrarem o significado do terno de Robert e o fato de ele ter começado a entrevista com meia hora de atraso. Perceber esses detalhes é importante, mas tirar conclusões precipitadas sobre isso pode ser muito perigoso. Em vez disso, Sana deve ser mais cuidadosa ao imaginar que o terno *pode* ser uma demonstração de poder, ou que isso pode ser apenas uma preferência pessoal/cultural para se vestir bem, mesmo em uma "sexta-feira informal". Também pode ser interpretado como um sinal de respeito, para passar uma imagem profissional diante dos entrevistados, ou ser apenas uma roupa necessária para outro compromisso no mesmo dia (como uma reunião importante com pessoas de fora). Ou Robert pode simplesmente ter se esquecido de que aquela era uma sexta-feira casual! O julgamento apressado de Sana é típico do que a maioria faz nessas situações — a menos que reduzam o ritmo e as nossas conclusões.

A decisão de Robert de deixar de lado as diferenças entre ele e Sana é louvável, mas pode acabar trazendo problemas ao longo prazo. O fato de enxergar Sana como um ser humano igual a ele é um grande começo, porém Robert também deveria ver o grande valor que o fato de ela ser diferente trará para ele, pessoalmente, e para a empresa. Qual é o benefício de contratar pessoas que veem o mundo da mesma forma que nós? É claro que isso pode gerar menos conflitos, mas também pode prejudicar seriamente nossa capacidade de ter uma visão mais holística e abrangente do trabalho que fazemos.

Tenho um amigo italiano que diz: "Vocês, norte-americanos, pensam: *agora que somos amigos, não devemos mais discutir.* Mas nós, italianos, achamos que *agora que somos amigos é que podemos realmente discutir.*"

Talvez nenhum desses estereótipos seja justo. Mas o fato é que muitos de nós, independente da nacionalidade, evitamos nos concentrar nas diferenças, porque isso parece ser uma barreira entre as pessoas. Contudo, elas podem ser um ativo importante, que não deve ser meramente tolerado, mas explorado e alavancado!

174 | VANTAGENS DA INTELIGÊNCIA CULTURAL

## Aumentando sua estratégia de IC

Muita gente tem uma noção bastante razoável sobre entender outras culturas. Mas é bem mais difícil encontrar pessoas que possam se elevar a um novo nível de consciência e usar esse entendimento para desenvolver relações eficazes e respeitosas com pessoas de outras culturas. E você pode entrar para essa minoria incrementando sua estratégia de IC.

Identifique abaixo duas estratégias que você pode começar a usufruir:

| | |
|---|---|
| ❑ 1. Observe sem responder.<br>❑ 2. Pense de maneira ampla.<br>❑ 3. Concentre-se profundamente.<br>❑ 4. Faça um diário. | Consciência |
| ❑ 5. Planeje interações sociais.<br>❑ 6. Administre as expectativas.<br>❑ 7. Faça checklists. | Planejamento |
| ❑ 8. Reformule uma situação.<br>❑ 9. Verifique se está sendo preciso.<br>❑10. Faça perguntas melhores. | Verificação |

Por qual delas você pretende começar? E quando?

# 6. Ação de IC

Aprender a ser eficaz em situações que envolvam outras culturas exige mais que apenas aprender regrinhas sobre o que fazer e o que não fazer. No fim das contas, nossa inteligência cultural vai acabar sendo julgada pela maneira como nos comportamos. A ação de IC faz a seguinte pergunta: *Que comportamentos devo adaptar para lidar com outra cultura?* É assim que vamos além da motivação, da compreensão e da estratégia para entrar de verdade nas relações e no trabalho com outras culturas.

---

**Ação de IC:** Mostra até que ponto você consegue atuar de maneira adequada em uma situação que envolva outra cultura. Isso inclui sua flexibilidade em comportamentos verbais e não verbais e sua adaptabilidade a regras culturais diferentes.

*Pergunta fundamental:* Que comportamentos eu devo adaptar para essa situação intercultural?

---

## 176 | VANTAGENS DA INTELIGÊNCIA CULTURAL

E, assim, Robert decide contratar Sana. O departamento de recursos humanos pergunta se ele quer comunicar isso a ela pessoalmente, e ele concorda. Aliás, Robert está em Washington para a conferência antitruste, na qual representa a empresa. Por toda a parte, vê mulheres que cobrem a cabeça. No entanto, ele já esteve em Washington várias vezes. Será que há mais mulheres islâmicas agora, ou será ele que está reparando mais, já que teve tanto contato com o Oriente Médio nas últimas semanas?

Por falar nisso, Robert decidiu seguir seu instinto e perguntou diretamente aos executivos do Oriente Médio o que havia de verdade em matéria de propinas e corrupção. Eles não deram uma resposta direta, mas garantiram que Robert poderia confiar inteiramente na empresa. Afinal, os três executivos que participaram da reunião são filhos do fundador da empresa: "Você está lidando com uma empresa de família, o que significa que não deve se preocupar com essas coisas que tanto o afligem."

Robert sempre leu muito bem as pessoas, por isso se sente seguro para ir em frente. Mas quando disse que ia preparar uma minuta com os próximos passos rumo à aquisição, disseram: "Espere um pouco. Primeiro você precisa vir ao Oriente Médio passar um tempo conosco."

Robert não dispõe de muito tempo para viajar até lá, mas não quer pôr tudo a perder. Afinal, o que uma viagem dessas poderia trazer que não poderia ser tratado por e-mail ou teleconferência?

Robert tem mais alguns minutos livres no hotel, por isso decide ligar para Sana e oferecer o emprego. Com seu jeito afável, descreve generosamente como vai ser bom trabalhar com alguém da competência dela, conta sobre o salário e os benefícios que pode oferecer e faz uma lista das muitas razões pelas quais trabalhar para a empresa será uma ótima oportunidade. Gaguejando um pouco, ele acrescenta uma coisa que espera deixar o telefonema mais leve: "E o fato de você ampliar a diversidade cultural aqui na empresa até que é uma vantagem."

Robert fica mais de cinco minutos falando direto, sem que Sana diga uma única palavra. Ela não faz sequer aqueles sons de hum-hum, ou OK, que indicam que está entendendo e concordando com tudo. Robert acaba se alongando demais nas explicações, mas não tem certeza se ela está acompanhando. Finalmente, ele pergunta: "Então, o que você acha? Pode começar na semana que vem?"

Depois de um longo silêncio, ela responde: "Obrigada pelo emprego. Mas não seria melhor se eu e o meu marido pudéssemos jantar com sua família nesse fim de semana?"

"Isso seria ótimo, mas vai ter que ficar para a próxima vez. Minha agenda já está lotada. Mas nossas famílias terão uma chance de se encontrar na festa de Natal da empresa, daqui a algumas semanas", responde Robert.

Depois de um silêncio maior ainda, Sana pergunta: "Nós *temos* que ir à festa de Natal?"

Robert tenta disfarçar a mancada com uma risadinha social e diz: "Bem, acho que vocês não *precisam* ir. Mas pensei que você quisesse que nossas famílias se conhecessem. De qualquer maneira, o que você acha da oferta de emprego?"

"Preciso pensar um pouco. Seria muito bom se pudéssemos jantar e conversar sobre isso. Vou pedir ao Haani, meu marido, para entrar em contato com você. Mais uma coisa. Será que eu posso tirar um tempo, toda sexta, para ir à mesquita? É claro que posso compensar isso em outros dias, talvez até num domingo", acrescenta ela.

## O que a ação de IC tem a ver com isso?

A ação de IC se refere ao seu *grau de adaptabilidade quando estiver trabalhando e se relacionando com pessoas de outra cultura*. Será que você é capaz de ser eficaz e respeitador com outras culturas e continuar a ser quem é de verdade? A ação de IC não é simplesmente imitar a pessoa com quem estamos. É aprender quais ações precisam ser adaptadas e quais não precisam. Todas as quatro habilidades são extremamente importantes, porém o mais provável é que os outros nos julguem a partir dessa em questão.

Uma série de comportamentos moldados pela cultura apareceu na relação entre Robert e Sana. Eles surgiram na conversa telefônica, nas tentativas de Robert de se explicar e fazer graça e nas perguntas e pedidos de Sana. Com uma melhor compreensão da ação de IC, vamos analisar se a abordagem de Robert com os executivos do Oriente Médio realmente foi boa e qual o significado da resposta deles.

Repetindo, a ação de IC faz a seguinte pergunta: *Que comportamentos devo adaptar para lidar com outra cultura?* Em primeiro lugar, isso diz respeito à etiqueta social e ao comportamento adequado a determinado contexto. A etiqueta não é muito importante até que você tropece em uma "falta" de educação. É nesse momento que ela vem à tona. A ação de IC envolve a adaptação do comportamento verbal e não verbal e uma mudança de discurso — a maneira como você trata de determinados assuntos e situações.

Pessoas dotadas de muita ação de IC podem fazer uso das outras três habilidades para transformar sua motivação, seu entendimento e planejamento em ação. Elas contam com um amplo repertório de atitudes que podem utilizar, dependendo do contexto. Elas sabem quando devem se adaptar e quando *não* devem. Pessoas dotadas de uma ação de IC extremamente elevada variam de comportamento de modo adequado, sem ter que pensar muito a respeito. Contudo, até as mais culturalmente inteligentes sempre vão encontrar situações que exigem novas atitudes e correções.

# 180 | VANTAGENS DA INTELIGÊNCIA CULTURAL

## Aferindo sua ação de IC

Como vai sua ação de IC? Até que ponto você é capaz de adaptar seu comportamento e continuar autêntico?

---

**Nível da ação de IC:**
Baseando-se no que já aprendeu sobre a ação de IC, como você se classificaria? (circule a resposta)
*Baixo*          *Médio*          *Alto*

---

A ação de IC inclui três áreas específicas (não verbal, verbal e discurso). Há pesquisas bem extensas que analisam a maneira como esses vários comportamentos influenciam as interações e o trabalho com outras culturas.[1] Veja as subdimensões descritas a seguir. Você se considera com um nível baixo, médio ou alto? Anote ao lado de cada uma.

---

*Não verbal* ——————
Mostra até que ponto você se sente à vontade para adaptar seu comportamento não verbal diante de outras culturas (como os gestos e as expressões faciais). Um bom nível indica que você se adapta com muita naturalidade aos comportamentos não verbais adequados, e um baixo indica que tem que se esforçar bastante para ajustar seu comportamento não verbal.

*Verbal* —————

Mostra até que ponto você modifica seu comportamento verbal diante de outras culturas (como o sotaque, o tom de voz, a pronúncia e, é claro, a própria língua). Um nível alto indica que você modifica a maneira de falar com naturalidade quando lida com outra cultura. Um nível baixo significa que esse não é um comportamento natural para você.

*Discurso* —————

Trata-se da maneira como você modifica sua comunicação para efetivamente conquistar certo objetivo em uma situação que envolva outra cultura (por exemplo, a maneira como você faz uma crítica, expressa sua gratidão etc.). Um nível alto sugere que você conta com uma série de ferramentas para alcançar a meta em várias situações que envolvam outras culturas. Um nível baixo indica que você não muda, em geral, a maneira de se comunicar, independente do contexto cultural.

---

Essas três subdimensões da ação de IC — não verbal, verbal e discurso — formam as bases científicas para as estratégias que vêm a seguir. Você vai encontrar essas dimensões junto da lista de estratégias no começo da próxima seção. Nem todas se encaixam perfeitamente em uma única subdimensão, mas foram organizadas de acordo com a qual se aproximam mais. Nessa área, especialmente, as estratégias para a ação de IC se sobrepõem muito, assim como as subdimensões às quais estão associadas. Utilize a autoavaliação dos níveis das subdimensões para ajudá-lo a perceber de quais estratégias você deverá utilizar primeiro (provavelmente aquelas relacionadas à subdimensão em que obteve o menor nível).

## Melhorando a ação de IC

Esta seção traz uma lista de estratégias para ajudá-lo a aprimorar sua ação de IC. Todas se baseiam em pesquisas científicas sobre comportamento intercultural e partem das três subdimensões (não verbal, verbal e discurso). O importante não é sair usando todas as estratégias de uma vez. Há muitas maneiras de aprimorar a ação de IC. Comece com as que mais o interessarem.

| | |
|---|---|
| 1. Crie um repertório de habilidades sociais.<br>2. Represente.<br>3. Transforme os tabus em tabus. | Não verbal |
| 4. Aprenda um vocabulário básico.<br>5. Experimente novos sons vocais.<br>6. Diminua o ritmo. | Verbal |
| 7. Coloque-se em uma situação de necessidade.<br>8. Faça parte de uma equipe multicultural. | Discurso |

# 1. CRIE UM REPERTÓRIO DE HABILIDADES SOCIAIS

Sempre repito que não é preciso dominar completamente as práticas e tabus de todas as culturas com as quais tiver contato. Não há como. Mas vale a pena formar um repertório de várias habilidades sociais e se valer dos insights do conhecimento de IC e da estratégia de IC para saber quando e onde se utilizar dessas diversas habilidades.

Procure indicações do tipo de educação que se espera em determinada cultura. Boa parte dessa educação diz respeito ao comportamento não verbal. Como você deve cumprimentar as pessoas e como se comportar se o interlocutor tiver um "status" mais elevado que o seu? E se for alguém do sexo oposto? O que deve fazer com as mãos e os pés e como deve comer? A etiqueta social varia muito conforme as diferenças culturais. Não se preocupe em querer atingir a perfeição. Mas capture os diferentes comportamentos não verbais adotados em outras culturas, incluindo alguns em seu repertório.

Essa estratégia também pode ser utilizada para adaptar seu discurso e comportamento verbal nas várias ocasiões sociais. Por exemplo, você pode ter uma série de perguntas "de bolso" para utilizar com outras culturas. Em muitos países africanos, asiáticos e latino-americanos, perguntas sobre a família mais ampla das pessoas e sua origem podem ser valiosas. Aprenda a falar sobre a sua própria família e origem. Em outros contextos, perguntar a opinião de alguém sobre os últimos acontecimentos políticos, e até mesmo assuntos religiosos, pode valer a pena (mas também pode ser *um desastre* em outros contextos: muitos chineses e norte-

## 184 | VANTAGENS DA INTELIGÊNCIA CULTURAL

americanos, por exemplo, ficariam sem graça em discutir esse tipo de assunto com alguém que não conheçam direito).

Uma das estratégias para aumentar seu conhecimento de IC (capítulo 4) foi a de aumentar o conhecimento que você tem do mundo. Isso também se aplica aqui. Quando está por dentro de um fato recente que aconteceu no país de alguém, isso vale muito para demonstrar respeito e interesse. Se estiver passando por um país que acabou de ganhar um jogo importante de críquete ou futebol, toque no assunto. Você não tem que fingir que entende do jogo. Aliás, uma bela maneira de demonstrar interesse pelos costumes do país de alguém é pedir para receber um panorama geral sobre as regras do jogo. Que eleição importante aconteceu recentemente que pode afetar as pessoas com quem você se encontra? Como está a situação econômica do país e o que está acontecendo com ele? Um pouco de conhecimento e de compreensão sobre os acontecimentos e as preocupações de um lugar vão aumentar sua eficácia ao interagir socialmente com outras culturas.

Tudo isso faz aumentar seu repertório de habilidades sociais. Faça uma refeição comendo com as mãos, pratique se curvar para cumprimentar alguém e experimente falar sem qualquer expressão no rosto. Essa amplitude de habilidades sociais e de comportamento não verbal vai aprimorar sua capacidade de ajustar seu comportamento quando uma situação cultural assim o exigir.

## 2. REPRESENTE

Tente imitar o comportamento de alguém. Atores fazem isso o tempo todo. Eles acompanham policiais ou passam algum tempo em hospitais para tentar pegar os trejeitos, a disposição e as preocupações dos personagens que vão representar no palco ou na tela. A maior parte dos cursos de artes cênicas não se concentra em decorar falas ou projetar a voz, mas sim no aprendizado de determinado comportamento. Os bons atores vivem no mundo da imaginação e captam os pensamentos, emoções, atitudes e circunstâncias do personagem de uma maneira que pareça autêntica. Há muito o que podemos tirar da profissão de ator para a ação de IC.

As escolas de teatro também ajudam as pessoas a lidar com dialetos e sotaques. Dependendo da inteligência cultural com que você interagir, sua competência pode ser mal-avaliada caso pronuncie as palavras de maneira diferente da qual elas costumam ser articuladas por certo grupo de pessoas. Veja como as coisas são ditas e procure imitar.

Um bom ator entra na pele do personagem que está representando. Da mesma maneira, quanto mais você puder se identificar com as diversas culturas, maior sua capacidade de agir como elas. Primeiro, ponha-se no lugar de alguém de uma cultura diferente. Pense em como você veria o mundo de modo distinto caso tivesse nascido na Índia ou na Suíça. Como a relação que você tem com seus pais seria diferente? E a sua educação, suas perspectivas religiosas? Tente imitar alguns dos comportamentos que poderia usar se viesse de um desses países. Nesse ponto, você tem que tomar muito cuidado para que a mímica não acabe parecendo deboche.

## 186 | VANTAGENS DA INTELIGÊNCIA CULTURAL

Na vida real, nos encontros com outras culturas, a melhor abordagem nem sempre é imitar os comportamentos que observamos. *Uma das questões mais fundamentais para ter uma ação de IC elevada é saber quando você deve mudar seu comportamento para imitar os outros, e quando isso não deve ser feito.* Essa sensibilidade aumenta com o desenvolvimento da inteligência cultural como um todo.

A estratégia da representação aqui não se refere ao que você deve fazer quando estiver interagindo com alguém de outra cultura. É muito mais um plano para desenvolver e aprimorar sua ação de IC quando você não está "em cena". Quando estiver sozinho, ensaie a maneira como deverá negociar um contrato com um empresário "típico" de Pequim ou da Cidade do México. Imite a voz e o estilo de alguém que conheça.

O falecido sociólogo Erving Goffman sugeriu que representar é algo que fazemos todos os dias. Atuamos constantemente, na frente dos outros, o dia inteiro, mudando de papel, de figurino e de comportamento, dependendo da plateia. Goffman argumentava que, ao atuar na vida cotidiana, lutamos para dar a impressão mais positiva possível ao nos esforçarmos para evitar qualquer passo em falso ou desafinação que ponha a perder a apresentação inteira.[2]

Há ocasiões em que aprender a imitar os comportamentos de outra cultura vai aumentar nossa capacidade de interação. Certas pessoas pegam os macetes e os adotam rapidamente, enquanto outras precisam praticar por muito mais tempo. Uma das coisas que mais gosto de fazer quando viajo com minhas filhas é ouvi-las tentando imitar a língua ou o dialeto local. É engraçado reparar como repetem os sons que ouviram. Ao reproduzirem os trejeitos locais, elas se saem muito melhor do que eu. Se for feita de uma maneira ponderada e respeitosa, a mímica pode ser um jeito divertido de se incrementar a ação de IC.

Seria absolutamente falso Sana e Haani abandonarem toda sua formação cultural. Mas eles se dariam bem se passassem algum tempo em casa imitando a maneira como um típico casal do Centro-Oeste, da idade deles, se comportaria. Isso vai ajudá-los a se identificar com quem estarão sempre em contato em Indianápolis.

Muitos atores representaram papéis absolutamente convincentes sem nunca terem passado por aquilo que representam no palco ou nas telas. Esses profissionais são ideais para nos ensinar como adaptar nosso comportamento e incrementar a ação de IC.

## 188 | VANTAGENS DA INTELIGÊNCIA CULTURAL

## 3. TRANSFORME OS TABUS EM TABUS

Elimine os comportamentos considerados mais ofensivos em uma cultura com a qual você se relacione regularmente. A maioria perdoa gafes dadas sem querer nas situações interculturais. Porém, adianta muito evitar algumas das ofensas mais básicas nas culturas com que você se depara com mais regularidade.

As muitas dicas encontradas em livros sobre quais cores evitar ou sobre maneiras impróprias de cumprimentar as pessoas certamente ajudam, mas podem acabar lhe deixando assoberbado. Se estiver trabalhando muito com determinada cultura, você precisa tirar um tempo para aprender essas coisas. No entanto, a maioria de nós tem encontros pontuais com uma série de culturas, e deve se limitar a descobrir quais os principais tabus para aquelas com as quais se convive regularmente. Depois disso, continue com as antenas ligadas e fique atento a outros tabus que deve evitar.

Uma boa regra geral a ser seguida, por exemplo, é simplesmente não entregar qualquer coisa com a mão esquerda, já que esse é um comportamento extremamente ofensivo em muitas culturas pelo mundo afora. Evite contato visual mais longo com alguém do sexo oposto, a não ser que tenha certeza de que isso é adequado para a pessoa e a cultura com a qual está interagindo. Preste atenção à hierarquia e deixe que a pessoa de status mais alto conduza as interações verbais e não verbais.

A menção que Robert fez à festa de Natal pode ofender a todas as pessoas que venham de formações religiosas diferentes, inclusive Sana. Cumprimentá-la com um aperto de mão no primeiro encontro também é um tabu para muitas mulheres muçulmanas. Não se pode esperar que Robert saiba tudo isso, mas ele vai se tornar um líder melhor se aprender pelo menos algumas coisas básicas e adotar certas estratégias de comportamento para lidar com as culturas diferentes que encontrar.

O best-seller *Kiss, Bow, or Shake Hands* é um ótimo livro para ter na estante.[3] Você pode rapidamente se inteirar das formalidades para interação social ou profissional, em mais de sessenta países. Em muitos casos, você se verá em um encontro com alguém de outra cultura sem qualquer aviso prévio e não vai poder pegar um livro e ler todos os tabus. Faça o melhor que puder, depois se informe e vá aumentando o repertório de comportamentos para saber que gafes não cometer. Aqui vão alguns que devem ser evitados praticamente no mundo inteiro, já que ofendem muitas culturas.

- Nunca fotografe ou toque em um símbolo religioso (por exemplo, uma estátua do Buda) sem permissão.
- Não use a mão esquerda para dar algo a alguém.
- Não passe a mão na cabeça de ninguém.
- Não toque nos seus pés ou os coloque em cima dos móveis.
- Não pergunte quanto alguém ganha.
- Não fale palavrão. O que pode parecer inocente ou apenas impróprio em seu contexto pode ser visto como uma verdadeira ofensa em outro lugar.
- Nunca toque primeiro em alguém do sexo oposto.
- Evite contar piadas ou fazer muito esforço para parecer engraçado. Normalmente não funciona com outras culturas.
- Evite piadas e deboches com conotações preconceituosas.
- Não pense, logo de início, que alguém compartilha as mesmas opiniões políticas, religiosas e sobre sexo que você.

## 190 | VANTAGENS DA INTELIGÊNCIA CULTURAL

Até uma lista rápida como essa pode se desenrolar de maneiras completamente diferentes, dependendo do lugar. E a maioria dos tabus varia. Por exemplo, algumas culturas ficam muito à vontade para discutir a idade e quanto ganham, mas há diversos lugares onde as duas coisas são malvistas, e é mais seguro não tocar nesses assuntos, a não ser que o interlocutor leve a conversa para esse lado. Você pode ensaiar esses comportamentos em casa. Se usar as duas mãos é aceitável na sua cultura, tente passar a próxima semana sem entregar nada a ninguém com a mão esquerda. Depois, escolha outro comportamento que não é ofensivo no seu país e tente evitá-lo por uma semana — só para praticar.

## 4. APRENDA UM VOCABULÁRIO BÁSICO

A língua é uma estratégia que perpassa todas as quatro habilidades da inteligência cultural, mas é particularmente relevante para o conhecimento de IC (aprender uma língua) e a ação de IC (o uso da língua). Não há nada que substitua o fato de alguém ser fluente em um idioma para ter a interação mais eficaz, mas isso simplesmente não é possível em relação a todas as culturas com as quais nos relacionamos.

Para aquelas culturas com as quais temos mais contato, mas não falamos a língua, muitas das questões e necessidades do dia a dia podem ser comunicadas com um conjunto simples de frases e alguns gestos. Esse vocabulário mínimo é muito útil quando não falamos o idioma. Aqui vai uma lista de palavras e frases cruciais que vale a pena aprender em outras línguas:

- Por favor
- Obrigado
- Desculpe
- Sim
- Não
- Bom
- Ruim
- Oi
- Tchau
- "Quanto é" e "muito caro" (essas duas são muito úteis na hora de fazer compras, mas devem ser acompanhadas de uma calculadora e um pedaço de papel para anotar os valores).
- Vem cá

# 192 | VANTAGENS DA INTELIGÊNCIA CULTURAL

- Vai lá
- Não funciona (apontando ou entregando alguma coisa)
- Sua bebida favorita (água, cerveja, Coca-Cola)
- Aquilo que você mais gosta de comer (arroz, peixe, carne, macarrão)
- Um lugar para dormir (cama, quarto, hotel, pensão)
- Banheiro

É muito mais fácil falar uma palavra ou uma expressão do que compor uma frase inteira, e as palavras acima ajudam muito. "Não funciona", por exemplo, serve para muitos casos. Em seu quarto de hotel, aponte para o suporte do papel higiênico e diga "não funciona". Isso significa que não tem papel e você está precisando. No trem, aponte para o bilhete e diga "não funciona", então o condutor vai indicar a sua poltrona ou compartimento. Na lavanderia, aponte para o botão que falta na camisa e diga "não funciona" que alguém vai ajudá-lo.[4]

Tento aprender essas frases quando viajo, por menor que seja a estadia. E, se não conseguir aprender, escrevo e guardo o papel comigo. É certo que aprender uma língua é chave para entender uma cultura. Só que essa tática é melhor do que nada.

## 5. EXPERIMENTE NOVOS SONS VOCAIS

A língua é a parte mais importante do nosso comportamento verbal, mas há outras ações verbais que talvez tenham de ser adaptadas. A maioria usa uma série de vocalizações como parte da comunicação, muitas vezes sem perceber.

Por exemplo, no meio de uma conversa, muitos de nós preenchem os espaços vazios com "hmm", "hum-hum", estalando a língua ou prendendo a respiração. Ou podem apenas repetir palavras simples como "certo", "entendi", "claro, claro" ou "posso, sim". Escolha uma dessas que você usa o tempo todo e tente eliminá-la da conversa, ou pegue uma que nunca usa e experimente.

Outra maneira de utilizar essa estratégia é pensar no volume da sua voz quando fala. Como você pode alterar o tom para expressar significados diferentes? Em muitas culturas, falar alto é sinal de poder e autoridade, enquanto falar baixo é sinônimo de falta de confiança. É claro que isso pode ser interpretado inversamente. No momento, o objetivo dessa estratégia é apenas que você se sinta à vontade para variar o volume de sua voz ao falar. Experimente em conversas pessoais e também na hora de falar em público. Veja o que acontece. Como muitos diretores de empresas, Robert aprendeu a atenuar o tom de voz para não ser visto com intimidação.

Mesmo quando as pessoas usam a mesma língua, como o inglês, há muita variação na maneira como as palavras são pronunciadas. Há muitas diferenças entre o inglês que se fala na

194 | VANTAGENS DA INTELIGÊNCIA CULTURAL

Austrália e o que se fala na Índia ou no Canadá. E muitas variáveis existem até mesmo dentro dos países, como os diversos dialetos que são falados no Reino Unido ou nos Estados Unidos.

Também há diferenças importantes entre os nativos de língua inglesa, como a maneira de pronunciar as consoantes. Nos Estados Unidos, por exemplo, pronuncia-se a letra "r" com muito **mais** força do que outras regiões em que se fala inglês, onde o "r" é bem mais suave. Pense na maneira como a palavra *park* (parque) é pronunciada nos Estados Unidos comparando-a com Cingapura. Por mais insignificante que isso possa parecer, as pessoas podem ter impressões sobre você a partir desse tipo de pronúncia. Tente utilizar uma série de alterações para aumentar suas opções ao interagir com uma pessoa de cultura diferente. Será preciso lançar mão das outras habilidades de IC para saber se é realmente necessário adequar a pronúncia, mas pelo menos tente ser capaz de fazer isso, se e quando a situação se apresentar.

Apesar de Sana e Haani terem sido criados nos Estados Unidos, eles na verdade são um amálgama das culturas de seus pais, do Oriente Médio, e da cultura de massa norte-americana. Que Haani se sinta à vontade com Robert é um valor importante para muitos norte-americanos de origem árabe. A conversa entre Robert e Sana é um pouco confusa, pois as diferenças culturais são sentidas mais intensamente na falta de indicações visuais. Muitos norte-americanos (inclusive eu!) acham que é difícil falar com alguém quando não há um som (como hum-hum) de que a outra pessoa está nos acompanhando.

Mas indivíduos de muitas culturas acham esse tipo de comportamento uma amolação e falta de educação. Com o tempo, você vai se munir de um repertório mais amplo de habilidades sociais que vai poder utilizar nas relações com as outras culturas.

## 6. DIMINUA O RITMO

Tenho dois ritmos: rápido e acelerado. Por isso, essa é uma estratégia muito difícil para mim. Mas aprendi a diminuir o ritmo para melhorar minha ação de IC. Um ritmo mais lento nos permite aprofundar nossos insights, ao mesmo tempo em que nos tornamos mais eficientes com as muitas pessoas e culturas que não se preocupam tanto com a eficiência e as realizações como nós. É mais fácil ajustar nosso comportamento quando trabalhamos em um ritmo mais lento.

Isso se aplica principalmente à velocidade com que falamos. Você pode ensaiar falar com mais calma e mais devagar quando estiver lidando com alguém de outra cultura. Mas não exagere. Não estamos querendo que fale alto e devagar com alguém de outra cultura. Seria uma ofensa. Porém, ao interagir com alguém que tem um dialeto diferente do seu, ou para quem a sua língua não é o idioma principal, é preciso adotar um ritmo mais lento ao falar. Para mim, é extremamente doloroso articular devagar, ainda mais quando estou fazendo uma apresentação sobre um assunto pelo qual sou apaixonado. Mas uma maneira simples de aumentar a ação de IC é simplesmente diminuir o passo. Isso não só aumenta a eficiência no momento, como também incrementa a IC em geral.

Para muitos, a vida se transforma em uma compulsão irracional em torno da velocidade — vamos correndo ao trabalho, almoçamos correndo, fazemos várias coisas enquanto estamos com os amigos. Isso pode fazer com que a vida flua com mais rapidez, mas não traz mais felicidade, nem a sensação de que estamos realizados. A menos que você aprenda a diminuir o ritmo e a saborear as experiências (até a ida para o trabalho e a comida do almoço), você vai reduzir os pequenos momentos de prazer, descobertas e alegrias dos seus dias. E um ritmo frenético constante dificulta a capacidade de se adaptar adequadamente às várias situações culturais com que se deparar.

198 | VANTAGENS DA INTELIGÊNCIA CULTURAL

## 7. COLOQUE-SE EM UMA SITUAÇÃO DE NECESSIDADE

Suzanne, uma norte-americana que mora e trabalha na França, descobriu a importância de formular uma pergunta enquanto fazia compras em Paris. Suzanne falava francês fluentemente, mas isso não diminuía os desafios que enfrentava ao se comunicar. Logo no início da mudança, ela parecia não conseguir vencer uma percepção de que os franceses não gostavam dos norte-americanos em geral. Sempre que perguntava algo específico à lojista, por exemplo: "Você sabe onde ficam os batons?", recebia uma resposta ríspida e abrupta. Um dia, uma amiga francesa sugeriu: "Quando estiver na loja, tente começar a pergunta com algo do tipo: 'A senhora poderia me ajudar com um problema?' Se ela disser que sim, o que é provável que aconteça, então pergunte onde estão os batons."

Suzanne fez a experiência e não acreditou quando isso mudou inteiramente a disposição das atendentes em comparação ao que acontecia antes. Agora ela se colocava como alguém que pedia alguma coisa, em vez de alguém que exigia as coisas. Ela começou a adotar essa mesma estratégia no trabalho, com os colegas e subordinados, e ficou impressionada pela maneira como esse simples ajuste alterava a forma como suas ordens eram recebidas.

Tente aprender a falar a seguinte frase, na língua do lugar para onde você viajar: "Desculpe, eu não falo _____. Você fala inglês?"

O objetivo principal dessa frase é se colocar na posição de alguém que precisa de algo, em vez de alguém que está dando uma ordem. Pense como essa forma de comunicação é diferente de simplesmente chegar a um lugar e dizer "Alguém aqui fala inglês?". Afinal, se você está na Tailândia, por que alguém deveria falar inglês? Você é que está no país dos outros. Até mesmo um pequeno esforço para demonstrar que você sabe que é sua ignorância que está criando a desvantagem, em vez do contrário, auxilia muito ao incentivar os outros a ajudá-lo.

Aqui vão alguns exemplos em outras línguas, para começar. Há muitas ferramentas na internet que podem ajudá-lo com a pronúncia, como: http://www.forvo.com/languages.

### Alemão
Es tut mir leid. Ich spreche kein Deutsch. Sprechen Sie Englisch?

### Árabe
Ana aasaf. La atakallem al'arabiyya. Hâl tatakallem alingliziyya?

### Cantonês
Um-ho-i-si. Ngo-umsick-gong-gwong-dung-wa. Nei sick-um-sick gong yingmun?

### Espanhol
Perdón. No hablo español. ¿Habla usted inglés?

### Francês
Je suis désolé. Je ne parle pas français. Parlez-vous l'anglais?

### Holandês
Ik betreur. Ik maak je geen woord Nederlands. Denkt u maar Engels spreken?

### Indiano
Maaf karein. Mein Hindi nahin jaanta. Kya aap Angrezi jaante rein?

### Italiano
Mi dispiace. Io non parlo italiano. Lei parla inglese?

### Japonês
Gomen nasai. Nihongo shaberaremasen. Eigo shaberaremasuka?

### Mandarim
Dui bu qi. Wo bu hui shuo Pu Tong Hua. Ni hui shuo Ying yu ma?

Na pior das hipóteses, mesmo dizer a frase em inglês, "Eu sinto muito, mas não falo _____. Você fala inglês?", é muito melhor do que apenas chegar perguntando: "Você fala inglês?"

Compreender algumas noções básicas de linguagem pode fazer toda a diferença na hora de atingir nossos objetivos, seja para comprar um batom ou para lançar uma grande iniciativa.[5]

## 8. FAÇA PARTE DE UMA EQUIPE MULTICULTURAL

Muitas das estratégias descritas em todos esses capítulos são feitas com mais facilidade quando levam em consideração o ponto de vista do interlocutor. Cercar-se de outras pessoas pode ajudá-lo a raciocinar melhor e permite que você veja as situações de uma maneira diferente, pelos olhos dos outros. Por exemplo, é difícil reformular uma situação sozinho (estratégia descrita no capítulo 5). Mas, com a ajuda de colegas vindos de várias culturas, as coisas ficam bem mais fáceis. A colaboração é mais benéfica quando inclui pessoas de outras culturas.

Quando você trabalha com pessoas de outros países, começa a observar as muitas variedades na forma de se comunicar que acontecem no discurso. Seja se desculpando, expressando gratidão, fazendo pedidos direta ou indiretamente, sabendo quando dizer "não" e como se comportar quando alguém se oferece para "pagar a conta" — tudo isso é aprendido com mais facilidade com experiências diretas em grupos compostos por várias culturas. Veja como cada um de vocês, oriundos de lugares diferentes, lida com os conflitos, pede algo, perdoa, cumprimenta os outros, e por aí vai. À medida que forem confiando mais uns nos outros, discutam essas diferenças e pergunte coisas como: "Qual é a melhor resposta quando alguém não me deixa pagar a conta em um restaurante?" Aí pergunte a outra pessoa. Isso vai ajudá-lo a ser mais flexível em uma série de contextos culturais.

Junte-se ou forme um grupo ou equipe composto por formações culturais diferentes. Pessoas que são membros

## 202 | VANTAGENS DA INTELIGÊNCIA CULTURAL

de equipes multiculturais costumam ter um nível de ação de IC mais alto do que aquelas que integram equipes mais homogêneas.[6] Equipes formadas por gente de várias culturas oferecem a oportunidade de observar o comportamento de indivíduos culturalmente diferentes atuando no mesmo contexto.

O problema dessa estratégia é que a maioria dos adultos procura se aproximar de pessoas mais parecidas com eles. Nós costumamos escolher amigos com gostos, crenças e interesses semelhantes aos nossos. No entanto, quando fazemos isso, perdemos muita coisa. Quando você tenta estabelecer uma relação com pessoas que veem o mundo de maneira diferente, passa a ter uma grande vantagem no campo da ação de IC.

## De volta ao escritório

Um pouquinho de esforço por parte de Robert e Sana para adaptar seu comportamento poderia deixar a interação muito menos confusa e proporcionar mais clareza à comunicação entre os dois. Isso é complicado em qualquer relação entre duas culturas, mas é especialmente difícil por telefone, porque as mensagens orais não podem ser vistas diretamente. O comentário de Robert de que Sana pode ajudá-lo a aumentar a diversidade cultural na empresa foi feito de maneira espirituosa, para desanuviar um pouco a conversa, mas é raro o humor funcionar com outras culturas, e ainda mais por telefone.

É um equilíbrio muito precário, porque se Robert exagerar na maneira como acha que deve se comunicar com Sana pelo fato de ela vir de uma cultura diferente, pode acabar sendo ofensivo. No entanto, refletir um pouco sobre como suas palavras e seu estilo eloquente podem afetar a maneira que ela vai ouvi-lo certamente seria uma vantagem para ambos.

Sana não precisa adotar todos os ruídos que ele faz ("hum-hum", "claro", "é"), se não se sentir à vontade com isso. Mas deve entender que muitos profissionais norte-americanos usam esse tipo de deixa para mostrar que estão seguindo a conversa, portanto algum tipo de feedback melhoraria sua comunicação com Robert.

Em um ambiente de trabalho cada vez mais diversificado, Robert deveria ter mais tato na hora de chamar uma reunião da empresa de "festa de Natal". Mas Sana também tem que perceber que ele não está tentando ofendê-la de

## 204 | VANTAGENS DA INTELIGÊNCIA CULTURAL

propósito, nem que deseja que ela renuncie à sua fé. Observe que queremos ver as duas pessoas adaptando parte de seu comportamento, em vez de pensar que a responsabilidade cabe inteiramente a apenas uma delas.

É muito arriscado Robert se valer de uma abordagem tão direta com os executivos do Oriente Médio, especialmente quando pergunta se ele deveria se preocupar com desonestidade e corrupção. À primeira vista, pode parecer que isso não vai afetar a negociação, mas só o tempo dirá se a empresa achou que a pergunta a ofendeu e acabou por minar a confiança. Um pouco de esforço para adaptar nosso comportamento nos permitirá ser mais eficientes, respeitadores e corretos.

## Aumentando sua ação de IC

Dar uma mancada ao lidar com outras culturas é inevitável, e a maioria das pessoas não tem dificuldade para perdoar alguém que não sabe se comportar em uma cultura que não a própria. Mas um esforço deliberado para adaptar o comportamento de maneira que aumente o entendimento e a cooperação mútua vai ajudar muito no sucesso das relações multiculturais.

Identifique duas estratégias que você pode começar a usar para melhorar sua ação de IC.

| | |
|---|---|
| ❏ 1. Crie um repertório de habilidades sociais.<br>❏ 2. Represente.<br>❏ 3. Transforme os tabus em tabus. | Não verbal |
| ❏ 4. Aprenda um vocabulário básico.<br>❏ 5. Experimente novos sons vocais.<br>❏ 6. Diminua o ritmo. | Verbal |
| ❏ 7. Coloque-se em uma situação de necessidade.<br>❏ 8. Faça parte de uma equipe multicultural. | Discurso |

Por qual você vai começar? Quando?

# Parte III

# Considerações finais

Os quatro capítulos anteriores foram dedicados a mergulhar a fundo nas maneiras específicas de incrementar as quatro habilidades de IC. Porém, gostaria de concluir com um quadro mais amplo da inteligência cultural e as forças que ela acarreta para ajudá-lo a ser bem-sucedido.

Esta parte final esclarece as várias vantagens embutidas na inteligência cultural. Você verá como muitas organizações estão alavancando-as, entre elas uma associação de transporte aéreo, uma organização de viagens para jovens, uma universidade e as forças armadas canadenses. Finalmente, vai encontrar alguns exercícios que vão ajudá-lo a montar um plano de ação para melhorar a IC.

# 7. O poder da IC

Sou um eterno otimista. Sempre acho que as pessoas podem mudar. E sou guiado pela ideia um pouco maluca de que o mundo sempre pode se tornar um lugar melhor para se viver. Não é uma questão de idealismo cego. Já vi acontecer muitas vezes — com uma interação de cada vez —, enquanto as pessoas descobrem que "diferente" não precisa ser sinônimo de ruim ou ameaçador.

Acima de tudo, vi acontecer comigo mesmo. Saí de uma perspectiva bastante míope do mundo e passei a ter um grande apreço pela diversidade. Algumas das mudanças aconteceram de forma lenta e dolorosa, enquanto outras foram bem mais fáceis e rápidas. Nossas pesquisas sobre inteligência cultural provaram que todos podem aprimorá-la. É claro que algumas pessoas têm mais facilidade de aumentá-la do que outras, mas um desejo sincero de incrementá-la, juntamente a um plano de ação para utilizar algumas das estratégias cobertas nos últimos capítulos, com certeza vai fortalecer a sua. E uma IC mais desenvolvida permite que todos possamos fazer do mundo um lugar melhor.

## 210 | VANTAGENS DA INTELIGÊNCIA CULTURAL

Os mais céticos costumam revirar os olhos. As pessoas brigam há séculos. O comportamento tribal e etnocêntrico é um vício comum de todas as sociedades, em todos os tempos. Mas a humanidade também tem uma capacidade incomum de mudar a história. A inteligência cultural se baseia na crença fundamental de que as pessoas podem mudar. Eu, você, qualquer um.

O poder da IC está na sua capacidade de realizar essa transformação. Há muitas vantagens associadas à natureza mais ampla da inteligência cultural. Vamos analisá-las de perto.

## Integração

Uma das descobertas mais significativas das pesquisas de inteligência cultural é a importância das quatro habilidades. Ter só uma delas, sem as outras, pode ser prejudicial. Este livro encoraja você a trabalhar a habilidade que mais precise. Com o tempo, temos que acabar voltando a pensar nas quatro habilidades como um todo, porque um excesso de atenção a uma das habilidades, enquanto se negligencia as outras, pode acabar resultando em *mais* ignorância cultural. Todas as quatro habilidades estão inter-relacionadas.

Se você tiver uma compreensão profunda das diferenças culturais (um alto conhecimento de IC), isso não quer dizer que seja capaz de aplicar esse conhecimento e desenvolver um plano eficaz (estratégia de IC). Ou se você for muito confiante em sua capacidade de trabalhar com uma cultura diferente (muita vontade de ter IC), mas contar com pouco conhecimento de outras culturas (conhecimento de IC), sua confiança poderá acabar trazendo problemas, em vez de ajudar.

DAVID LIVERMORE | 211

Na prática, acontece da seguinte maneira. Uma executiva em viagem, com muita vontade de ter IC e ação de IC, pode passar por muitas experiências práticas enquanto viaja em meio a várias culturas — vendo os pontos turísticos, provando a culinária local e explorando aquilo que está fora do caminho mais trilhado. No entanto, se não dispuser de uma boa dose de conhecimento e estratégia de IC, não vai aprender tudo o que pode a partir dessas experiências, porque não dispõe da técnica de observação e do entendimento conceitual para transformar essa experiência em um tipo de conhecimento que poderá guiá-la em seus futuros encontros com outras culturas. Da mesma maneira, alguém que disponha de muito conhecimento e estratégia de IC, mas não tenha muita vontade de ter IC, pode obter muitos insights sobre as culturas por meio de livros e da própria observação, mas não vai procurar muitas interações que proporcionam as experiências holísticas e o aprendizado profundo que podem ser aplicados ao seu trabalho e às suas interações futuras.[1]

A boa notícia é que, dada a inter-relação entre as quatro habilidades de inteligência cultural, quando dá atenção a uma delas, você pode automaticamente incrementar outra. Por exemplo, obter um conhecimento mais profundo das diferenças culturais através do conhecimento de IC pode ajudá-lo a se sentir mais confiante, por ter aprendido mais sobre determinada cultura. O planejamento citado na estratégia de IC também o ajuda a desenvolver um equilíbrio e uma sensação de estar no controle. E o repertório de comportamentos obtidos pela ação de IC abre mais opções para você lidar com pessoas diferentes. Obter um pouco de controle sobre as circunstâncias e situações que envolvem outras culturas

212 | VANTAGENS DA INTELIGÊNCIA CULTURAL

vai aumentar sua vontade de ter IC — e, provavelmente, outras habilidades também. Quando integradas, essas quatro habilidades distintas são uma parte fundamental da diferença que faz a inteligência cultural.

## Evolução

Outra vantagem da IC é sua natureza evolutiva. A inteligência cultural não é uma capacidade estática. Ela se baseia no princípio de que nossas habilidades culturais estão sempre se transformando e evoluindo. As quatro habilidades nem sempre se desenvolvem na ordem específica em que foram apresentadas. No entanto, ajuda pensar nelas como quatro passos na direção de uma inteligência cultural mais ampla. A evolução mais provável das quatro habilidades de IC aparece na Figura 7-1.

**Figura 7-1** Progressão das habilidades de IC

*1º passo:* A vontade de ter IC nos dá a energia e a autoconfiança para correr atrás do entendimento cultural e do planejamento necessários.

*2º passo:* O conhecimento de IC nos faz compreender as dicas culturais mais elementares.

*3º passo:* A estratégia de IC permite que utilizemos nosso conhecimento para planejar e interpretar o que está realmente acontecendo em diversos contextos.

*4º passo:* A ação de IC proporciona a capacidade de exercer uma liderança eficaz em várias culturas.

E aí voltamos ao 1º passo. À medida que outras pessoas respondem ao nosso comportamento, o ciclo recomeça. Nossas experiências (ação de IC) dão forma à nossa motivação (vontade de ter IC) nas interações futuras.

O ciclo de quatro passos pode ser aplicado também em um nível macro, na hora de pensar no desenvolvimento geral da sua inteligência cultural. Ou ser um ciclo que você pode repassar rotineiramente quando estiver se preparando para um encontro com alguém de outra cultura. Por exemplo, imagine Sana usando o seguinte ciclo antes da primeira entrevista com Robert:

### 1º passo: vontade de ter IC
Qual é a minha motivação para me adaptar à cultura de Indianápolis, à cultura da empresa e à cultura do meu possível chefe? (Em parte é para conseguir um emprego!)

### 2º passo: conhecimento de IC
O que preciso saber sobre essas outras culturas? (Por exemplo, que experiência eles já tiveram com os descendentes de árabes? Qual a subcultura religiosa mais comum na empresa?)

### 3º passo: estratégia de IC
Qual é o meu plano? (Por exemplo o que devo perguntar? Como posso atenuar as impressões que as pessoas venham a ter de mim, pelo fato de eu ser muçulmana?)

### 4º passo: ação de IC
Será que vou conseguir me adaptar? (Devo apertar a mão de Robert? Como devo responder à pergunta de há quanto tempo estou nos Estados Unidos?)

## 214 | VANTAGENS DA INTELIGÊNCIA CULTURAL

Uma companhia também pode utilizar esse processo para uma iniciativa que englobe todos os profissionais. A empresa de Robert, por exemplo, pode utilizá-lo para avaliar a possível aquisição de uma de suas unidades por uma companhia do Oriente Médio.

### 1º passo: vontade de ter IC
Qual a nossa motivação para entender melhor a cultura do Oriente Médio?

### 2º passo: conhecimento de IC
O que precisamos saber sobre as culturas envolvidas, antes de tomar uma decisão?

### 3º passo: estratégia de IC
Qual o nosso plano de negociação, tendo em vista as diferenças culturais?

### 4º passo: ação de IC
Como devemos nos adaptar e ao mesmo tempo manter os valores fundamentais da nossa empresa?

Essa progressão de quatro passos para o desenvolvimento da IC é o fundamento que ensino aos líderes no meu livro *Inteligência cultural*. Ninguém nunca "chega" a ter uma IC perfeita. O caminho não tem fim. Mas, à medida que trabalhamos com esses quatro passos em uma série de cenários diferentes, a adaptação às diversas situações que envolvam outras culturas vem com mais naturalidade.

## Tensão

O trabalho com outras culturas é cheio de paradoxos e contradições. A capacidade de manter dois polos em tensão é absolutamente fundamental para uma adaptação efetiva a outra cultura.

- Seja você mesmo. Mas se adapte à cultura local.
- Mantenha a sua marca. Mas ajuste-a ao gosto da região.
- Lute contra a corrupção. Mas respeite as regras culturais.
- Unifique sua equipe. Mas acolha a diversidade.
- Nós somos iguais. Mas também diferentes.

O modelo da inteligência cultural não só permite unir essas contradições tensionadas, como também cria uma maneira de colher os insights e as oportunidades que podem ser geradas por essa tensão. Temos o costume de resistir à tensão, mas ela não é necessariamente algo ruim. Pense nos seus filmes favoritos. Invariavelmente, eles contam histórias que trazem algum tipo de conflito ou problema para os vários personagens, algo que precisa ser resolvido. A tensão deixa as histórias mais interessantes e força as pessoas a utilizarem a criatividade. Em ambientes multiculturais, ela geralmente surge quando várias culturas e pontos de vista diferentes precisam se integrar. Isso pode estraçalhar um projeto ou relacionamento, mas também pode ser exatamente o tempero que enriquece a experiência. A IC se utiliza da tensão como uma força criativa para a inovação.

O crescimento do multiculturalismo e da globalização traz ao mundo um grau cada vez maior de complexidade e de novas nuances. A capacidade de manter a tensão passa a ser absolutamente crucial. O fundamentalismo — a manu-

## 216 | VANTAGENS DA INTELIGÊNCIA CULTURAL

tenção radical da visão de mundo que uma pessoa tem, como sendo a única maneira certa de ver o mundo — é basicamente uma recusa de viver em tensão. É uma incapacidade de sequer pensar que pode haver uma perspectiva diferente, muito menos de reformular o próprio ponto de vista. Em contrapartida, uma postura culturalmente inteligente consegue equilibrar um compromisso com os valores e crenças pessoais com respeito e apreço pelos valores e crenças alheios, mesmo que eles entrem em conflito com os seus. E isso é muito mais que uma mera tolerância. Provavelmente também vai exigir que você faça alguns ajustes nos seus valores e crenças.

Como já comentamos, a inteligência cultural inclui, mas também transcende, o tradicional enfoque de relações interculturais que enfatizam a comparação de pessoas de diferentes culturas. Essas generalizações simplistas sobre como as pessoas se comportam baseadas nos países de origem com certeza têm alguma utilidade, mas é preciso dar espaço para observar como cada uma é individualmente. A IC promove esse tipo de raciocínio complexo que "vem à tona em situações em que duas afirmações contraditórias podem ser verdadeiras, ou uma pode ser verdadeira e falsa ao mesmo tempo, ou a aplicação da lógica formal é insuficiente".[2]

A pessoa culturalmente inteligente consegue lidar com as vantagens e desvantagens de uma liderança hierárquica de cima para baixo, em contraposição a uma liderança mais igualitária e menos hierarquizada. Ela aprecia os pontos fortes e fracos de um casamento por amor, em comparação a um casamento arranjado. As duas situações podem ser positivas ou ambas podem se tornar negativas. A IC permite que mantenhamos em mente dois polos opostos sob tensão, em vez de simplesmente reduzir ou desprezar a crise. A IC pode ajudá-lo a abraçar a tensão dos opostos.

## Reflexão

O poder da IC também está, em grande parte, no uso da reflexão. Nos últimos anos, escreveram muito sobre a importância de explorar todo o poder da reflexão. Da mesma maneira que um espelho nos permite ajustar nossa aparência externa e refletir sobre nossos pensamentos e experiências, também é fundamental refletir sobre nosso comportamento e as premissas que traçamos internamente. A reflexão é uma técnica que nos ajuda a dar sentido às vivências. Como seres humanos, não conseguimos parar de pensar, cada instante vem repleto de todo tipo de impressão. Enquanto damos um sentido à enxurrada de impressões que recebemos diariamente, deixamos algumas lá no fundo e concentramos toda a atenção em outras. Isso acontece pelo pensamento reflexivo.

Donald Schon é um dos maiores especialistas sobre o papel do raciocínio no ambiente de trabalho. Schon examinou como os profissionais pensam durante um dia normal de trabalho. Em seu estudo sobre como arquitetos, psicoterapeutas, engenheiros, urbanistas e administradores exerciam sua profissão, ele descreveu o processo como *raciocínio em ação*.

Um profissional não pode apenas resolver problemas, ele também tem que ser competente ao *expor os problemas*. Resolver problemas significa perguntar: como vamos construir isso? Já expor os problemas gera o questionamento: qual a coisa certa a construir? O objetivo não é apenas encontrar respostas, mas formular hipóteses que ajudam desde cedo a explicar o problema. Essa é uma atividade extremamente criativa, que exige uma espécie de síntese entre reflexão e ação (mais uma tensão!). Expor os problemas não é algo

218 | VANTAGENS DA INTELIGÊNCIA CULTURAL

que ocorre naturalmente, e sim por meio da disciplina reflexiva, que aumenta com a inteligência cultural. A prática reflexiva está mais relacionada à estratégia de IC — ou seja, aprender a interpretar as observações e a fazer os planos correspondentes. Mas ela perpassa todo o modelo da inteligência cultural.

A IC mostra a importância da reflexão antes e depois de um encontro intercultural, *assim como* a da reflexão *durante* o encontro. Schon argumenta que, além da reflexão em ação, também há lugar para um aprendizado secundário e extraprofissional, que aumenta a capacidade de um profissional pensar enquanto trabalha.[3] Trabalhar e se relacionar em contextos que envolvam outras culturas requer talento para resolver problemas repentinos com soluções imprevisíveis. Precisamos aprender a refletir durante uma ação e criar um espaço para sair um pouco da nossa movimentação constante e para, assim, poder contemplar, pensar e nos preparar para as ações futuras.

Muitas das culturas do século XXI dão pouco valor a diminuir o ritmo e tirar um tempo para reflexão, ainda mais no mundo dos negócios. Mas a inteligência cultural está intimamente ligada a um esforço disciplinado para refletir no meio e fora do nosso frenético trabalho multicultural.

## Inspiração: histórias de sucesso

Uma das coisas de que mais gosto, fazendo parte do movimento da inteligência cultural, é a quantidade de pessoas e organizações que encontro e que me inspiram. Um dia, estou trabalhando com uma indústria farmacêutica que discute como fazer suas operações cada vez mais globalizadas se encaixarem na cultura conservadora do Centro-Oeste. No outro, estou trabalhando com o Departamento de Justiça dos Estados Unidos, pensando em como a IC pode ajudar a promover a justiça e prender nossos inimigos sem perpetuar estereótipos racistas. No dia seguinte, lido com uma instituição filantrópica que faz trabalho de caridade no Haiti.

Tenho pouquíssimo interesse por pesquisas acadêmicas que não façam a menor diferença para o planeta. Mas indivíduos e organizações em todos os lugares estão utilizando as descobertas da IC para melhorar suas vidas e transformar o mundo em um lugar melhor para se viver. Empreendedores, professores, pais e artistas estão incorporando a inteligência cultural às suas profissões. Colleen, que é consultora de administração, acredita que a IC seja o complemento ideal para as ferramentas psicológicas que ela utiliza ao ajudar os trabalhadores que vão para o exterior a assimilar a nova cultura (ou a retomar a própria cultura, quando voltam de uma temporada fora).

O astro do rock indiano Wilbur Sargunaraj, cuja carreira está em plena ascensão, utiliza seus shows como uma plataforma para inspirar e ensinar os fãs através da IC, para que eles não apenas tolerem culturas diferentes, mas também acolham as diferenças culturais e aprendam com elas. Habib, que é CEO de uma empresa multimilionária do Oriente Médio, está usando a inteligência cultural para melhorar as fusões e aquisições da companhia. Florence, que trabalha nas áreas de desenvolvimento e ajuda humanitária na África do Sul, relatou que a IC é o melhor instrumento de aprendizagem que conheceu para ajudá-la a aumentar a eficácia do trabalho com ONGs de tradições diferentes e com os demais africanos no Sul do continente.

## 220 | VANTAGENS DA INTELIGÊNCIA CULTURAL

Milhares de organizações no mundo inteiro compartilham relatos inspiradores de como a IC as ajuda de inúmeras maneiras, como na política de recursos humanos, iniciativas de marketing, práticas de negociação e novas oportunidades de negócio. Mas as histórias de sucesso mais inspiradoras vêm das organizações que estão incorporando a inteligência cultural em tudo o que fazem. São muitos os grupos que trilham esse caminho. Eis alguns exemplos específicos.

## A *International Air Transport Association (IATA)*

A *International Air Transport Association* (IATA) tem sedes em Genebra e Montreal. Seu pessoal trabalha em 74 países e representa 140 nacionalidades diferentes. A IATA é a principal porta-voz da indústria da aviação civil diante dos governos e da mídia. Ela oferece apoio técnico e treinamento para 230 companhias aéreas afiliadas. Apesar de todo o alcance internacional do trabalho e do staff, sua ética corporativa sempre se inclinou mais para práticas e ideias ocidentais, com pouca consideração para mercados importantes e de rápido crescimento em outras partes do planeta. A IATA enfrenta os mesmos problemas com que muitas organizações no mundo se deparam:

- Como devemos atuar em mercados que não compreendemos plenamente?
- Onde devemos encontrar líderes que sejam capazes de implantar e expandir uma filial local, se comunicar com a sede e administrar equipes de trabalho da região de uma maneira eficiente ao mesmo tempo em que implementam processos, iniciativas e estratégias globais?

DAVID LIVERMORE | 221

A solução tradicional para essas questões era enviar especialistas da sede da organização (expatriados ocidentais) para montar e administrar as filiais pelo mundo afora. Nos últimos anos, as empresas têm enviado chineses nascidos em Cingapura ou indianos nascidos na Inglaterra para trabalhar em lugares como a China ou a Índia, porque acreditam que administradores com esse tipo de perfil bicultural são particularmente talentosos para fazer a ponte entre os dois mundos.

A IATA adotou uma iniciativa diferente, desenvolvendo o que chama de programa I-Lead — *Intercultural Leadership Engagement and Development* [Montagem e Desenvolvimento de Lideranças Interculturais]. Todo ano, os principais executivos da IATA escolhem vinte pessoas de sua força de trabalho consideradas de alto potencial para entrar no I-Lead. Metade do grupo vem de mercados tradicionais, como a Europa Ocidental e a América do Norte, culturas individualistas em que a distância para o poder é pequena. A outra metade vem de mercados emergentes que costumam ser de culturas como a Índia e a China, mais voltadas para o coletivo e onde a distância ao poder é grande.[4]

Os vinte participantes do I-Lead são divididos em duplas, para coliderarem uma equipe de funcionários juniores de alto potencial, em diversos lugares, e trabalharem em um projeto de verdadeira importância para a IATA. Resumindo, dez duplas da IATA pelo mundo afora são formadas por um líder ocidental e outro oriental, que trabalham exaustivamente uma série de tarefas, além das responsabilidades normais de seus cargos. Cada dupla tem um executivo sênior no papel de patrocinador e outro atuando como técnico, para ajudá-los e guiá-los no programa. No final desse

## 222 | VANTAGENS DA INTELIGÊNCIA CULTURAL

período de seis meses, as equipes apresentam os resultados dos projetos e as lições interculturais que aprenderam para a alta administração da IATA.

As inovações empresariais que surgiram com o programa se traduziram em maior lucratividade para a IATA e as companhias afiliadas. Você já percebeu que os cartões de embarque não são mais recolhidos, mas agora têm os códigos de barra escaneados? Essa é uma maneira mais eficiente de receber os passageiros e coletar os dados necessários. No mundo inteiro, as companhias aéreas têm implementado o embarque pelo código de barras. A ideia surgiu de um projeto do I-Lead.

Todos os participantes do I-Lead se encontram por uma semana no início do projeto e mais uma no final. O workshop de lançamento acontece em um importante mercado emergente, do qual o próprio CEO participa. Todos são avaliados pelo *CQ Multi-Rater Assessment* [Avaliação Múltipla de IC], que inclui tanto a autoavaliação de suas habilidades, como também uma por parte dos colegas e de um supervisor. No encontro, recebem o relatório de feedback e debatem a melhor maneira de interpretar os resultados. E passam por uma semana de aprendizado prático sobre o que é cultura e seu impacto na maneira como comandam a IATA no mundo inteiro. Além de formar uma dupla com outro participante do I-Lead para administrar uma equipe juntos, cada um dá aulas de inteligência cultural para sua equipe na filial, o que, por sua vez, aumenta o grau em que todo esse material é introjetado.

Guido Gianasso, vice-presidente de Capital Humano da IATA, afirma que esse programa foi um dos projetos de desenvolvimento de liderança mais lucrativos da companhia. Um estudo empírico, concluído recentemente, feito com mais de duzentos executivos que participaram do I-Lead, confirma a conclusão de que o programa trouxe uma melhora significativa nas quatro habilidades de IC. Ele ajudou a IATA a criar pontes por meio de diversas culturas e exerceu um papel direto no crescimento da associação nos mercados emergentes.

## Forças Armadas Canadenses

Os líderes militares discutem a importância da adaptabilidade e do entendimento cultural tanto quanto qualquer outro grupo. Mas a experiência militar canadense no Afeganistão está exercendo um papel fundamental e jogando uma nova luz na importância da cultura e da IC. As Forças Armadas Canadenses estão incorporando a IC em todas as determinações táticas, estratégicas e operacionais. A pesquisadora de defesa e segunda-comandante de reserva, Karen Davis, escreve que "a IC dá uma contribuição essencial para a capacidade de determinar os objetivos de um adversário para trabalhar com eficiência em domínios públicos multinacionais e conjuntos entre as agências,* criar e praticar abordagens que envolvam o governo como um todo e negociar as várias demandas dos respectivos objetivos da defesa, da diplomacia e do desenvolvimento (3D)."[5]

É preciso muita inteligência cultural por parte das forças da coalizão que operam no Afeganistão. Por exemplo, muitas afegãs do interior são vistas apenas pelas pessoas

---

*Em inglês, JIMP [joint, interagency, multinational and public domains]. (N. do T.)

## 224 | VANTAGENS DA INTELIGÊNCIA CULTURAL

da própria família. Elas raramente saem de casa e, quando saem, cobrem o rosto, de modo que só os maridos possam vê-las. Assim, quando os soldados da coalizão entram nas aldeias e invadem as casas à procura de explosivos, a cooperação é praticamente nula — além de ser uma enorme ofensa à população local.

As Forças Canadenses estão adotando uma abordagem diferente. Sempre que possível, soldados do sexo feminino vão até as aldeias para formar laços com mulheres e crianças. Elas conversam com as mulheres sobre educação e explicam como os esforços da coalizão vão dar a oportunidade para as crianças afegãs frequentarem uma escola e terem melhores chances na vida, em vez de se unirem às forças rebeldes. Ao relatar essa experiência, a cabo canadense Melissa Gagnon disse: "Elas chegaram a sorrir quando aparecemos lá. Parece que nunca receberam visitas de outras mulheres [soldados] antes."[6]

Quando não há soldados do sexo feminino, os homens conversam primeiro com os homens da aldeia, de modo que as mulheres afegãs tenham tempo de cobrir o rosto, antes de os soldados entrarem nas casas para revistar.

Essa estratégia, culturalmente mais inteligente, trata os afegãos com respeito e dignidade. E também tem mais êxito, em termos militares. Mas a coisa não para por aí. Como observou Karen Davis, "o desenvolvimento da IC pelas Forças Armadas Canadenses depende da reflexão, do diálogo, de um aprendizado contínuo das lições aprendidas e, acima de tudo, da aplicação de análises críticas adaptáveis e inovadoras a respeito dos dilemas e dos desafios culturais.[7]

## PEOPLE TO PEOPLE

O movimento *People to People* começou em 1956 por meio do presidente Dwight Eisenhower, que acreditava que a interação direta entre cidadãos comuns do mundo inteiro poderia promover o entendimento entre as culturas e a paz mundial. Hoje, a missão de Eisenhower é levada a cabo pelos Embaixadores Estudantis e pelos Programas de Embaixadores, ambos do *People to People*. Mais de 400 mil norte-americanos já viajaram pelos Programas de Embaixador para os sete continentes do mundo. A organização se concentra especialmente em viagens educativas, com o intuito de desenvolver a inteligência cultural e a consciência social em crianças e adolescentes. Os jovens viajam em delegações da associação, levados por professores do ensino fundamental que doam seu tempo com o intuito de implantar a inteligência cultural na juventude. Eles acreditam que a IC vai aumentar as oportunidades na vida desses jovens e também sua capacidade de transformar o mundo em um lugar melhor para se viver.

A compreensão e o contato com outras culturas são valores básicos para os Programas de Embaixador — muito antes de a IC ter se transformado em um conceito formal. Há cinquenta anos, a organização é líder em organizar viagens educativas e socialmente conscientes. Atualmente, seus executivos estão introjetando o modelo e as pesquisas da IC em seu trabalho, em todos os níveis hierárquicos. Eles não acreditam que o simples envio de pessoas para países longínquos automaticamente faça a inteligência cultural delas aumentar. Em vez disso, planejam o programa para de fato aumentar a IC.

## 226 | VANTAGENS DA INTELIGÊNCIA CULTURAL

- O processo começa com uma seleção cuidadosa, tendo em vista a motivação do jovem para viajar ao exterior (vontade de ter IC).
- Posteriormente, os líderes e os delegados são preparados através de uma série de módulos de treinamento, pessoalmente e pela internet (conhecimento de IC).
- Os líderes, então, preparam os delegados fornecendo diários e dando dicas específicas para deixá-los mais conscientes e atentos às diferenças culturais (estratégia de IC).
- Com o apoio de um guia local, são traçados roteiros sobre a melhor maneira de interagir com as várias culturas que vão se encontrar (ação de IC).

Além de basear a experiência e o programa geral nesse tipo de abordagem, cada dia do itinerário também incorpora esses valores. Por exemplo, um grupo que esteja se preparando para uma visita ao Vaticano levará os seguintes pontos em consideração:

- Qual é a sua motivação para aprender mais sobre o Vaticano? (Vontade de ter IC)
- O que devemos aprender antes de ir e depois que estivermos lá? (Conhecimento de IC)
- Como devemos planejar nosso comportamento? Devemos ficar atentos a quê? (Estratégia de IC)
- Que comportamentos devemos adaptar para respeitarmos as normas culturais? (Ação de IC)

Os Programas de Embaixador *People to People* estão atentos às informações que a IC traz. Além disso, a liderança utiliza a inteligência cultural em todos os níveis da organização. As pessoas que conduzem os programas têm sua IC aferida e incrementada; os estudantes que viajam para o exterior passam por uma aferição antes e depois de terem viajado; e os educadores que guiam as viagens também são treinados para maximizar a experiência educativa, a fim de aumentar a inteligência cultural dos alunos a longo prazo. Além disso, a organização mantém um fórum de debates na internet para fomentar uma interação permanente em assuntos ligados à inteligência cultural e à cidadania global por muito tempo depois de a viagem ter sido concluída.

## Nanyang Technological University, Cingapura

A *Nanyang Technological University* (NTU), um importante polo de pesquisas em Cingapura, já foi chamada muitas vezes de MIT do Oriente. Não é de surpreender que sua faculdade de administração tenha integrado a avaliação e as aulas de inteligência cultural em todos os seus programas de graduação e pós-graduação, já que alguns dos principais pesquisadores do ramo lecionam ali. Os alunos de bacharelado em administração trabalham em equipes multiculturais, avaliam suas próprias IC e elaboram um plano para desenvolvê-la nas áreas em que mais precisam.

Os alunos de MBA da *Nanyang Business School* viajam ao exterior em rápidas missões de estudos, visitando lugares como Irlanda e Vietnã. Eles formam duplas com colegas de culturas diferentes (o que é muito fácil, dada a grande diversidade que existe na universidade) e são incumbidos de marcar reuniões com empresas dos países que vão visitar. Também têm de aplicar a inteligência cultural nos vários

228 | VANTAGENS DA INTELIGÊNCIA CULTURAL

encontros com empresas multinacionais e elaborar um plano de desenvolvimento de longa duração em matéria de IC, para eles mesmos e para o trabalho que vão fazer no futuro. A faculdade de administração se apoia amplamente nas avaliações de IC para demonstrar a organismos como a *Association to Advance Collegiate Schools of Business* (AACSB) a eficácia dos programas da universidade em aumentar a competência dos alunos para atuarem na esfera global.

A dedicação da *Nanyang Business School* à inteligência cultural é um dos motivos para ela aparecer entre as cem principais faculdades de administração do mundo e entre as dez primeiras da região.[8] A IC também está sendo adotada em outras faculdades e departamentos. O Instituto Nacional de Educação de Cingapura também tem sede na NTU e oferece a inteligência cultural aos professores do país como um conjunto de habilidades necessárias para as salas de aula do século XXI. E já existem planos para que todo calouro faça um curso de IC. Há outros vínculos da IC por toda a administração da universidade e em inúmeros departamentos.

\* \* \*

Centenas de outras pessoas e organizações estão incorporando as descobertas da IC em suas atividades. Grandes empresas como a IBM, o banco Barclays e o Bank of America, agências governamentais, como o Departamento de Justiça dos Estados Unidos e o parlamento suíço, universidades, como as de Minnesota, Georgetown e Stanford, e organizações filantrópicas, como a Cruz Vermelha e a World Vision são apenas algumas das que estão aproveitando os benefícios da inteligência cultural.

## Aplicação

A grande força da IC está no fato de ela ser facilmente aplicável às nossas vidas, relacionamentos e trabalho no mundo global e independente de hoje. Não tenho interesse em ideias que não levam a lugar algum. No livro inteiro, eu o incentivei a descobrir por onde começar a trabalhar para melhorar sua IC. Utilize as próximas perguntas para fazer um resumo geral do seu plano de ação e aumente sua inteligência cultural.

## CRIANDO SEU PLANO DE AÇÃO DE IC

### ALAVANQUE SEUS PONTOS FORTES

Marque a habilidade de IC em que você se considera mais forte:

Vontade de ter IC          Conhecimento de IC
Estratégia de IC           Ação de IC

De que maneira você pode fazer essa habilidade se tornar ainda mais forte?

_____

_____

O que você pode fazer, já na semana que vem, para se aproveitar dessa força?

_____

_____

### ADMINISTRE SUAS FRAQUEZAS

Marque a habilidade de IC em que você se considera mais fraco:

Vontade de ter IC          Conhecimento de IC
Estratégia de IC           Ação de IC

O que você pode fazer, já na semana que vem, para cuidar desse ponto fraco?

_____

_____

## ESTRATÉGIAS PARA INCREMENTAR SUA IC

Já fizemos um resumo de todas as estratégias que existem para incrementar sua inteligência cultural.

Marque as duas que você vai começar a pôr em prática imediatamente.

Marque-as com um asterisco (*) e volte à tabela em quatro e seis semanas.

| Vontade de ter IC | Conhecimento de IC |
|---|---|
| 1. Encare seus preconceitos. | 1. Estude uma cultura de perto. |
| 2. Estabeleça uma ligação com os interesses que já possui. | 2. Seja mais inteligente usando o Google. |
| 3. Tome um susto. | 3. Preste mais atenção ao que acontece no mundo. |
| 4. Visualize o sucesso. | 4. Vá ao cinema ou leia um romance. |
| 5. Dê um presente a si mesmo. | 5. Procure aprender os valores de uma cultura. |
| 6. Recarregue as energias. | 6. Explore sua própria identidade cultural. |
| 7. Mantenha o controle. | 7. Estude um novo idioma. |
| 8. Viaje. | 8. Procure perspectivas diferentes. |
| | 9. Contrate um instrutor de IC. |

## 232 | VANTAGENS DA INTELIGÊNCIA CULTURAL

**Estratégia de IC**

1. Observe sem responder.
2. Pense de maneira ampla.
3. Concentre-se profundamente.
4. Faça um diário.
5. Planeje interações sociais.
6. Administre as expectativas.
7. Faça checklists.
8. Reformule uma situação.
9. Verifique se está sendo preciso.
10. Faça perguntas melhores.

**Ação de IC**

1. Crie um repertório de habilidades sociais.
2. Represente.
3. Transforme os tabus em tabus.
4. Aprenda um vocabulário básico.
5. Experimente novos sons vocais.
6. Diminua o ritmo.
7. Coloque-se em uma situação de necessidade.
8. Faça parte de uma equipe multicultural.

## Seguindo em frente

Não podemos navegar no mundo globalizado atual apoiados em mapas antigos. E não basta apenas atualizar os nomes e as cores desses mapas. Eles foram feitos para um mundo diferente. A IC nos fornece um novo mapa para navegar pelo mundo globalizado de hoje.

O mapa da IC inclui algumas características conhecidas dos mapas anteriores, como estudar os valores culturais de um país e aprender uma língua estrangeira. A inteligência cultural é uma abordagem progressista e abrangente, que nos prepara para um sem-número de mudanças e metamorfoses multiculturais. A IC exige que sejamos autênticos em relação aos nossos valores pessoais e organizacionais, enquanto respeitamos, aceitamos e aprendemos com os valores e as preocupações dos outros.

Incrementar a própria inteligência cultural significa começar a ver o mundo de uma maneira totalmente distinta. Isso às vezes é doloroso e pode até dar medo, mas as recompensas valem a pena. É impressionante o que acontece quando nos mostramos dispostos a ir além das nossas diferenças e aprendemos a ver os outros principalmente como seres humanos. E com isso, do laço comum que nos une como humanos, podemos aprender com as nossas diferenças. Esse é o poder da IC. Essa é a diferença que faz a IC.

# Epílogo

O planeta mudou para sempre. Você está disposto a mudar com ele? Vai ser um agente das mudanças? Ou vai resistir a tudo e ficar exausto e desesperado? Juntos — e trabalhando duro para aumentar nossa inteligência cultural — podemos ser os catalisadores das relações mais improváveis.

\* \* \*

Imagine um político liberal e um ativista do *Tea Party* (grupo ultraconservador dos Estados Unidos) entabulando um diálogo em que ambos os lados se respeitam.

Imagine uma família judaica participando de uma excursão de férias com uma família da Palestina.

Imagine um CEO trabalhando junto com um artista do hip-hop para reduzirem a fome no mundo.

Imagine um ativista da União das Liberdades Civis dos Estados Unidos (ACLU) se juntando a um pastor evangélico para promover a justiça.

\* \* \*

# VANTAGENS DA INTELIGÊNCIA CULTURAL

Mas a mera tolerância não basta. Temos que nos aproximar dos outros. Temos que transcender e incluir nossas diferenças e, juntos, cooperar para fazer do mundo um lugar melhor.

Quando você se aproxima de pessoas diferentes, ao mesmo tempo em que continua fiel a si mesmo, algo de poderoso acontece. De repente, você já não aceita mais aquelas conversas em que a sua família fala "daqueles muçulmanos", ou do "problema com todos esses chineses", ou dos "idiotas liberais" ou "conservadores gananciosos". As categorias simplistas de "nós" contra "eles" simplesmente não funcionam mais, e isso é bom para todos!

Nunca tivemos tantas chances de encontrar pessoas que veem e vivenciam o mundo de maneira diferente do que hoje. Aceitemos isso. E vamos descobrir as oportunidades vendo o mundo de um jeito totalmente diferente.

---

### Um ano depois: relatório de desempenho

Nem Robert nem Sana conseguem acreditar que já estão trabalhando juntos há um ano. Sana não está nervosa com o relatório de desempenho, porque sente que Robert está muito feliz com seu trabalho. E também gosta de trabalhar com ele. Haani é que não fica contente por ela sempre trazer trabalho para casa, mas sente-se grato pelo fato de Robert e sua esposa Ingrid terem aceitado jantar com eles. Quem iria pensar que o casal jantaria com Sana e Haani no dia em que acabava o jejum do Ramadã?

Robert e Ingrid continuam tão ativos quanto antes na igreja cristã. Entretanto, ficam mais irritados quando ouvem afirmações ríspidas e dogmáticas sobre muçulmanos — seja na igreja, no noticiário, ou na arquibancada de um estádio de futebol. Sana e Haani encontraram uma mesquita onde podem fazer suas orações habituais das sextas-feiras, mas há alguma coisa na visão pouco ortodoxa que Robert e Ingrid têm sobre religião (pelo menos, aos olhos do casal muçulmano) que lhes agrada.

Em vez de vender uma unidade de negócios para a companhia do Oriente Médio, a empresa de Robert acabou se fundindo com ela. Seis meses depois, já era a linha de negócios mais lucrativa. Sana tem sido indispensável para a empresa, ajudando a traduzir e interpretar os vários e-mails que chegam dos sócios do Oriente Médio. E Robert ajuda a entender algumas das experiências pelas quais Haani passa na companhia farmacêutica. Juntos, estão melhorando as vidas deles próprios, de suas famílias e o trabalho na empresa.

---

Pessoalmente, gostaria muito de ver como suas experiências multiculturais e seu aumento de IC estão afetando a você, a mim e a todo mundo. Adoraria ler suas experiências. Entre no meu site www.davidlivermore.com e compartilhe comigo e com os outros o que está aprendendo sobre a diferença que faz a inteligência cultural.

# Notas do autor

**Prefácio**

1. Ang S. e Van Dyne L., "Conceptualization of Cultural Intelligence", in *Handbook of Cultural Intelligence: Theory, Measurement, and Applications* (Armong, NY: M.E. Sharpe, 2008), p. 10.
2. Para os interessados, devo dizer que utilizei os termos *intercultural, multicultural* e *entre várias culturas* como sinônimos por todo o livro. Embora, tecnicamente, *intercultural* se refira a "duas culturas que interagem" e *multicultural* e *entre várias culturas* se refiram à interação entre várias culturas, achei útil usar os termos como sinônimos num livro como esse.

**Capítulo 1: A IC para você**

1. Roth S., "World Travelers", *National Geographic*, jul/2006, p. 25. É verdade que existem pessoas que tiram mais de um visto por ano. Por isso, um bilhão é apenas uma estimativa. Mas também há pessoas que atravessam fronteiras sem precisar de visto. Por isso, 1/6 parece uma estimativa bastante concisa do número de pessoas que viajam anualmente para o exterior.
2. Deutsch C., "GE: A General Store for the Developing World", *International Herald Tribune*, 18/jul/2005, p. 17.

# 240 | VANTAGENS DA INTELIGÊNCIA CULTURAL

3. Christie L., "CNN Census: U.S. Becoming More Diverse", http://money.cnn.com/2009/05/14/real_estate/rising_minorities/index.htm (acessado em 21/maio/2009).

4. Bisignani G., "Improved Profitability — But Europe Still Lags in the Red", International Air Transport Authority, http://www.iata.org/pressroom/pr/Pages/2010-09-21-02.aspx., 19/set/2010.

5. Livermore D., "Globalization Trends", relatório técnico feito para o Global Learning Center, Grand Rapids, MI: set/2008.

6. Tay C., Westman M., e Chia A., "Antecedents and Consequences of Cultural Intelligence Among Short-Term Business Travelers", in *Handbook of Cultural Intelligence: Theory, Measurement, and Applications* (Armong, NY: M.E. Sharpe, 2008), p. 141.

7. Ruckstuhl T., Hong Y., Ang S., e Chiu C., "The Culturally Intelligent Brain: Possible Neuroscience Foundation of Global Leadership", *Neuroleadership Journal*.

8. Ferraro G., *The Cultural Dimension of International Business*, 5ª ed. (Upper Saddle River, NJ: Prentice-Hall, 2006), p. 12.

9. Yan A., e Luo Y., *International Joint Ventures: Theory and Practice* (Armonk, NY: M.E. Sharpe, 2001), p. 32.

10. Ang S., Van Dyne L., e Tan M. L., "Cultural Intelligence", in: Sternberg R. J. e Kaufman S. B. (orgs.), *Cambridge Handbook of Intelligence* (Cambridge, UK: Cambridge University Press, a sair).

11. Ang S., e Van Dyne L., "Conceptualization of Cultural Intelligence", in *Handbook of Cultural Intelligence: Theory, Measurement, and Applications* (Armong, NY: M.E. Sharpe, 2008), p. 10.

12. Ibid.

13. Ibid.

14. Ang S., Van Dyne L., Koh C., Ng K. Y., Templer K. J., Tay C., e Chandrasekar N. A., "Cultural Intelligence: Its Measurement

and Effects on Cultural Judgment and Decision Making, Cultural Adaptation, and Task Performance", *Management and Organization Review* 3 (2007): p. 335-71.

15. Imai L., e Gelfand M. J., "The Culturally Intelligent Negotiator: The Impact of Cultural Intelligence (CQ) on Negotiation Sequences and Outcomes", *Organizational Behavior and Human Decision Processes* 112: p. 83-98.

16. McCracken G., *Chief Culture Officer: How to Create a Living, Breathing Corporation* (New York: Basic Books, 2009), p. 148.

17. Ang S., Van Dyne L., e Tan M. L., "Cultural Intelligence", in: Sternberg R. J., e Kaufman S. B. (orgs.), *Cambridge Handbook of Intelligence* (Cambridge, UK: Cambridge University Press, a sair).

18. Ibid.

19. Ibid.

20. Tay C., Westman M., e Chia A., "Antecedents and Consequences of Cultural Intelligence Among Short-Term Business Travelers", in *Handbook of Cultural Intelligence: Theory, Measurement, and Applications* (Armong, NY: M.E. Sharpe, 2008), p. 126ff.

21. Livermore D., "The Results of Cultural Intelligence", relatório técnico para o Global Learning Center, Grand Rapids, MI, 2009.

22. Ibid.

23. Ibid.

24. Ibid.

25. Wiesel E., *Dawn* (New York: Hill and Wang, 2006), p. vii.

26. Wilber K.: *Boomeritis: A Novel That Will Set You Free* (Boston, Shambhala, 2002), p. 15.

27. Cloud H., *Integrity: The Courage to Meet the Demands of Reality* (New York: Collins, 2006), p. 242.

## 242 | VANTAGENS DA INTELIGÊNCIA CULTURAL

**Capítulo 2: Um resumo da pesquisa**

1. Bennett M., "Towards Ethnorelativism: A Developmental Model of Intercultural Sensitivity", in: R. Michael Paige (org.), *Education for the Intercultural Experience* (Yarmouth, ME: Intercultural Press, 1993), p. 21-71; Geert Hofstede, *Cultures and Organizations: Software of the Mind* (New York: McGraw-Hill, 1997); e Fons Trompenaars e Charles Hampden-Turner, *Riding the Waves of Culture: Understanding Diversity in Global Business* (New York: McGraw Hill, 2000).

2. Gelfand M. J., Imai L., e Fehr R., "Thinking Intelligently About Cultural Intelligence: The Road Ahead", in: Ang S. e Van Dyne L. (orgs.), *Handbook of Cultural Intelligence: Theory, Measurement, and Applications* (New York: M.E. Sharpe, 2008), p. 375.

3. Ang S., Van Dyne L., e Tan M. L., "Cultural Intelligence", in: Sternberg R. J., e Kaufman S. B. (orgs.), *Cambridge Handbook of Intelligence*(Cambridge, UK: Cambridge University Press).

4. Mayer J. D., e Salovey P., "What Is Emotional Intelligence?" in: Salovey P. e Sluter D. (orgs.), *Emotional Development and Emotional Intelligence: Educational Applications* (New York: Basic Books, 1997), p. 3-31.

5. Thorndike R., e Stein S., "An Evaluation of the Attempts to Measure Social Intelligence", *Psychological Bulletin* 34 (1937): p. 275-285.

6. Sternberg R. J., e Wagner R. J., "Practical Intelligence", in: Sternberg R. J. (org.), *Handbook of Intelligence* (New York: Cambridge University Press, 2000), p. 380-95.

7. Earley C., e Ang S., *Cultural Intelligence: Individual Interactions Across Cultures* (Stanford, CA: Stanford Press, 2003).

8. Sternberg R. J., e Detterman D. K. (orgs.), *What Is Intelligence? Contemporary Viewpoints on Its Natures and Definition* (Norwood, NJ: Ablex, 1986).

9. Sternberg R. J., "A Framework for Understanding Conceptions of Intelligence", in: Sternberg R. J., e Detterman D. K.

DAVID LIVERMORE | 243

(orgs.), *What Is Intelligence? Contemporary Viewpoints on Its Natures and Definition* (Norwood, NJ: Ablex, 1986).

10. Cultural Intelligence Scale (CQS), East Lansing, MI: Cultural Intelligence Center, LLC, 2005.

11. Ang S., Van Dyne L., Koh C., Ng K. Y., Templer K. J. , Tay C., e Chandrasekar N. A., "Cultural Intelligence: Its Measurement and Effects on Cultural Judgment and Decision Making, Cultural Adaptation, and Task Performance", *Management and Organization Review* 3 (2007), p. 335-71.

12. Ang S., Van Dyne L., e Tan M. L., "Cultural Intelligence", in: Sternberg R. J., e Kaufman S. B. (orgs.), *Cambridge Handbook of Intelligence* (Cambridge, UK: Cambridge University Press, a sair).

13. Ang S., Van Dyne L., Koh C., Ng K. Y., Templer K. J., Tay C., e Chandrasekar N. A., "Cultural Intelligence: Its Measurement and Effects on Cultural Judgment and Decision Making, Cultural Adaptation, and Task Performance", *Management and Organization Review* 3 (2007), p. 340.

**Capítulo 3: Vontade de ter IC**

1. Van Dyne L. e Ang S., "The Sub-Dimensions of the Four-Factor Model of Cultural Intelligence", relatório técnico. Cultural Intelligence Center, 2008.

2. Goh M., Koch J., e Sanger S., "Cultural Intelligence in Counseling Psychology", in: Ang S., e Van Dyne L. (orgs.), *Handbook of Cultural Intelligence: Theory, Measurement, and Applications* (Armong, NY: M.E. Sharpe, 2008), p. 41-54; Tarique I., e Takeuchi R., "Developing Cultural Intelligence: The Role of International Nonwork Experiences", in: *Handbook of Cultural Intelligence: Theory, Measurement, and Applications* (Armonk, NY: M.E. Sharpe, 2008), p. 260, 264.

3. Ang S., Van Dyne L., e Tan M. L., "Cultural Intelligence", in: Sternberg R. J., e Kaufman S. B. (orgs.), *Cambridge Handbook of Intelligence* (Cambridge, UK: Cambridge University Press).

## 244 | VANTAGENS DA INTELIGÊNCIA CULTURAL

4. Rock D., *Your Brain at Work: Strategies for Overcoming Distraction, Regaining Focus, and Working Smarter All Day Long* (New York: Harper Collins, 2009), p. 65.

5. Templer K., Tay C., e Chandrasekar N. A., "Motivational Cultural Intelligence, Realistic Job Preview, Realistic Living Conditions Preview, and Cross-Cultural Adjustment", *Group & Organization Management* 31, 1 (fev/2006), p. 157.

6. Rock, 66.

7. Latham G., e Locke E., "Employee Motivation", in: Barling J., e Cooper C., orgs., *The SAGE Handbook of Organizational Behavior, Volume I, Micro Approaches* (Thousand Oaks, CA: SAGE, 2009), p. 320.

8. Berkman E., e Liebermann M. D., "The Neuroscience of Goal Pursuit: Bridging Gaps Between Theory and Data", In: Moskowitz G., e Grant H. (orgs.), *The Psychology of Goals* (New York: Guilford Press, 2009), p. 98-126.

9. Freire P., *Pedagogy of the Opressed* (New York: Continuum, 1997). (No Brasil, *Pedagogia do Oprimido*. Rio de Janeiro: Paz e Terra).

10. Rock, 36.

11. Langer E., *Counterclockwise: Mindful Health and the Power of Possibility* (New York: Ballantine Books, 2009), p. 112-115.

12. Arnsten A., Prefrontal Cortical Networks, http://info.med.yale.edu/neurobio/arnsten/Research.html (acessado em 13 de janeiro de 2010).

13. Rock D., "Managing with the Brain in Mind", *Strategy and Business* (outono de 2009), p. 56, http://www.strategu-business.com/article/09306?gko=5df7f&cid=enews20091013.

14. Shannon L. M., e Begley T. M., "Antecedents of the Four-Factor Modelo f Cultural Intelligence", in: Ang S., e Van Dyne L. (orgs.), *Handbook of Cultural Intelligence: Theory, Measurement, and Applications* (Armonk, NY: M.E. Sharpe, 2008), p. 41-54. E Tarique I., e Takeuchi R., "Developing Cultural In telligence: The Role of International Nonwork Experiences ,

in: *Handbook of Cultural Intelligence: Theory, Measurement, and Applications* (Armonk, NY: M.E. Sharpe, 2008), p. 56.

15. Shokef E., e Erez M., "Cultural Intelligence and Global Identity in Multicultural Teams", in: Ang S., e Van Dyne L. (orgs.), *Handbook of Cultural Intelligence: Theory, Measurement, and Applications* (Armonk, NY: M.E. Sharpe, 2008), p. 180.

16. Tay C., Westman M., e Chia A., "Antecedents and Consequences of Cultural Intelligence Among Short-Term Business Travelers", in: Ang S., e Van Dyne L. (orgs.), *Handbook of Cultural Intelligence: Theory, Measurement, and Applications* (Armonk, NY: M.E. Sharpe, 2008), p. 126-44; Ang S., Van Dyne L., Koh C., Ng K. Y., Templer K. J., Tay C., e Chandrasekar N. A., "Cultural Intelligence: Its Measurement and Effects on Cultural Judgment and Decision Making, Cultural Adaptation, and Task Performance", *Management and Organization Review* 3 (2007): p. 335-71; Shannon L. M., e Begley T. M., "Antecedents of the Four-Factor Model of Cultural Intelligence", in: Ang S., e Van Dyne L. (orgs.), *Handbook of Cultural Intelligence: Theory, Measurement, and Applications* (Armonk, NY: M.E. Sharpe, 2008), p. 41-55.

17. Kim Y. J., e Van Dyne L., "A Moderated Mediation Model of Intercultural Contact and Work Overseas Potential: Implications for Selection and Development of Global Leaders" (trabalho apresentado no encontro anual internacional da Society for Industrial Organization Psychology, Atlanta, Geórgia, 8-10/abr/2010); Groves K., "Leader Cultural Intelligence in Context: Testing and Moderating Effects of Team Cultural Diversity on Leader and Team Performance" (trabalho apresentado no encontro anual internacional da Society for Industrial Organization Psychology, Atlanta, Geórgia, 8-10/abr/2010).

## 246 | VANTAGENS DA INTELIGÊNCIA CULTURAL

### Capítulo 4: Conhecimento de IC

1. Yih-teen L., Masuda A. D., e Cardona P., "The Interplay of Self, Host, and Global Cultural Identities in Predicting Cultural Intelligence and Leadership Perception in Multicultural Teams" (trabalho apresentado no encontro anual internacional da Society for Industrial Organization Psychology, Atlanta, Geórgia, 8-10/abr/2010).

2. Van Dyne L, e Ang S., "The Sub-Dimensions of the Four-Factor Model of Cultural Intelligence", relatório técnico. Cultural Intelligence Center, 2008.

3. Linhart T., "They Were So Alive: The Spectacle Self and Youth Group Short-Term Mission Trips" (trabalho apresentado no encontro da North Central Evangelical Missiological Society, Deerfield, IL, 9/abr/2005), p. 7.

4. Reid E., Ph.D., *Intelligence Gathering for Cultural Intelligence* (Singapore: Nanyang Technological University, abr/2009).

5. Earley P. C., Murnieks C., e Mosakowski E., "Cultural Intelligence and the Global Mindset", *Advances in International Management*, vol. 19 (New York: JAI Press, 2007), p. 75-103.

6. McLane D., "Moved by the Movies", *National Geographic Traveler* (jul-ago/2010), p. 12.

7. Para saber mais, confira especialmente o capítulo 5 de David Livermore, *Leading with Cultural Intelligence* (New York: AMACOM, 2010).

8. Muitos desses valores saíram da obra de Geert Hofstede. Visite o site http://www.geert-hofstede.com/para obter os índices de várias culturas. Para uma das visões mais abrangentes sobre as dimensões dos valores culturais, veja House R. J., Hanges P. J., Javidan M., Dorfman P. W., e Gupta V., *Culture, Leadership, and Organizations: The GLOBE Study of 62 Societies* (Thousand Oaks, CA: SAGE, 2004).

9. Hall E., *Beyond Culture* (New York: Anchor Books, 1981), p. 38.

DAVID LIVERMORE | 247

10. Kay P. ,e Kempton W., "What Is the Saphir-Whorf Hypothesis?". *American Anthropologist* 86, nº 1 (1984), p. 65-79. E Carroll J., *Language, Thought, and Reality: Selected Writings of Benjamin Lee Whorf* (Cambridge, MA: MIT Press, 1964), p. 212-214.

11. Presidente Barack Obama, discurso de colação de grau na Universidade de Michigan, Ann Arbor, MI: University of Michigan, 1º/maio/2010.

12. Storti C., *The Art of Crossing Cultures* (Yarmouth, ME: Intercultural Press, 1990), p. 72.

13. Osland J., e Bird A., "Beyond Sophisticated Stereotyping: Cultural Sensemaking in Context", *Academy of Management Executive* 14, nº 1 (2000), p. 73.

## Capítulo 5: Estratégia de IC

1. Van Dyne L. e Ang S., "The Sub-Dimensions of the Four-Factor Model of Cultural Intelligence", relatório técnico. Cultural Intelligence Center, 2008.

2. Desimone R., e Duncan J., "Neural Mechanisms of Selective, Visual Attention", *Annual Review of Neuroscience* 18 (1995), p. 193-222.

3. McCracken G., *Chief Culture Officer: How to Create a Living, Breathing Corporation* (New York: Basic Books, 2009), p. 119-20.

4. Roberts G. D., *Shantaram* (New York: St. Martins Griffin, 2003), p. 105. (No Brasil, *Shantaram*. Rio de Janeiro: Intrínseca.)

5. Pettigrew T. F., "The Ultimate Attribution Error: Extending Allport's Cognitive Analysis of Prejudice", *Personality and Social Psychology Bulletin* 5, nº 4 (1979), p. 461-76.

6. Fried J., e Hansson D. H., *ReWork: Change the Way You Work Forever* (London: Vermilion, 2010), p. 74.

7. Rock D., *Your Brain at Work: Strategies for Overcoming Distraction, Regaining Focus, and Working Smarter All Day Long* (New York: Harper Collins, 2009), p. 212.

8. Adaptado das medidas de consciência desenvolvidas por Kirk Warren Brown e Richard M. Ryan, *Mindful Attention*

248 | VANTAGENS DA INTELIGÊNCIA CULTURAL

*Awareness Scale* (MAAS), http://www.psych.rochester.edu/ SDT/measures/maas_description.php.

9. Rock, 94.

10. Ibid., p. 89.

11. Weeks W., Pedersen P., e Brislin R., *A Manual for Structured Experiences for Cross-Cultural Learning* (Yarmouth, ME: Intercultural Press, 1997), p. xv.

12. Mason M. F., Norton M. I., Van Horn J. D., Wegner D. M., Grafton S. T., e Macarae C. N. "Wandering Minds: The Default Network and Stimulus-Independente Thought", *Science* 315 (2007), p. 393-395.

13. Van Dyne e Ang.

14. Rock, 147.

15. Merton R., *Social Theory and Social Structure* (New York: Free Press, 1968), p. 319.

16. Templer K., Tay C., e Chandrasekar N. A., "Motivational Cultural Intelligence, Realistic Job Preview, Realistic Living Conditions Preview, and Cross-Cultural Adjustment", *Group & Organization Management* 31, nº 1 (fev/2006), p. 168.

17. Gawande A., *The Checklist Manifesto: How to Get Things Right* (new York: Metropolitan Books, 2009). (No Brasil: *Checklist — Como Fazer as Coisas Bem-feitas.* Rio de Janeiro: Sextante.)

18. Ochsner K. N., Ray R. D., Cooper J. C., Robertson E. R., Chopra S., e Gabrieli J. D. D., "For Better or For Worse: Neural Systems Supporting the Cognitive Down and Up-Regulation of Negative Emotion", *Neuroimage* 23, nº 2 (2004), p. 483-99.

19. Lieberman M. D., Eisenberger N. I., Crockett M. J., Tom S. M., Pfeifer J. H., e Way B. M., "Putting Feelings into Words: Affect Labeling Disrupts Amygdala Activity in Response to Affective Stimuli", *Psychological Science* 18, nº 5 (2007), p. 421-28.

20. Van Dyne e Ang.

21. Six Sigma Financial Services, "Determine the Root Cause: 5 Whys", http://finance.isixsigma.com/library/content/c020610a.asp (acessado em 16/ago/2007).

DAVID LIVERMORE | 249

**Capítulo 6: Ação de IC**

1. Van Dyne L, e Ang S., "The Sub-Dimensions of the Four-Factor Model of Cultural Intelligence", relatório técnico. Cultural Intelligence Center, 2008.
2. Goffman E., *The Presentation of Self in Everyday Life* (New York: Anchor Books, 1959). (No Brasil, *A Representação do Eu na Vida Cotidiana*. Petrópolis: Vozes.)
3. Ver Morrison T., Conaway W. A., e Borden G. A., Ph.D., *Bow, Kiss, or Shake Hands* (Mishawaka, IN: Bob Adams nc., 1994).
4. Beath C., Ph.D., professora emérita da Universidade do Texas, me apresentou a esse famoso conceito de 17 frases. Contato pessoal, 2/maio/2009.
5. Relatado originariamente no meu livro *Cultural Intelligence: Improving Your CQ to Engage Ou Multicultural World* (Grand Rapids: Baker Books, 2008), p. 115.
6. Shokef E., e Erez M., "Cultural Intelligence and Global Identity in Multicultural Teams", in: Ang S., e Van Dyne L. (orgs.), *Handbook of Cultural Intelligence: Theory, Measurement, and Applications* (Armonk, NY: M.E. Sharpe, 2008), p. 177-91.

**Capítulo 7: O poder da IC**

1. Ng K.-Y., Van Dyne L., e Ang S., "From Experience to Experiential Learning: Cultural Intelligence as a Learning Capability for Global Leader Development", *Academy of Management Learning & Education* 8, n° 4 (2009), p. 511-26.
2. Liebert E., *Changing Life Patterns: Adult Development in Spiritual Direction* (St. Louis, MO: Chalice Press, 2000), p. 121-22.
3. Schon D., *Educating the Reflective Practitioner* (San Francisco: Jossey-Bass, 1987). (No Brasil, *Educando o Profissional Reflexivo*. Porto Alegre: Artmed.)
4. Bryant B., e Jonsen K., "Cross-Cultural Leadership: How to Run Operations in Markets We Don't Understand", Suíça: IMD Business School, out/2008.

# 250 | VANTAGENS DA INTELIGÊNCIA CULTURAL

5. Davis K. D. (org.), *Cultural Intelligence and Leadership: An Introduction for Canadian Forces Leaders* (Kingston, Ontario: Canadian Defence Academy Press, 2009), p. x.
6. "Frontline Females: Unlocking the World of Afghan Women", *International Security Assistance Force Public Affairs Office, Afghanistan* (21/jan/2010), http://www.isaf.nato.nt/article/isaf-releases/frontline-females-unlocking-the-world-of-afghan-women.html (acessado em 2/jul/2010).
7. Davis, p. x.
8. Which MBA? *The Economist Online* (14/out/2009), http://www.economist.com/business-education/whichmba/displaystory.cfm?story_id=14536868 (acessado em 2/jul/2010).

# Agradecimentos

Em primeiro lugar, quero agradecer aos estudantes e clientes no mundo inteiro, cujas perguntas e feedbacks deram origem a este livro. Sempre que penso que esgotei o assunto da inteligência cultural, suas perguntas e ideias me fazem ver que ainda há um longo caminho a ser trilhado.

Agradeço também às muitas pessoas que leram os primeiros rascunhos deste livro. Seu incentivo, suas sugestões e, principalmente, suas críticas fizeram esse trabalho ser muito valioso. Agradeço especialmente a Soon Ang, Steve Argue, Brad Griffin, Scott Matthies, Colleen Mizuki, Kara Powell, Elena Steiner e Linn Van Dyne.

Soon Ang e Linn Van Dyne: para mim é o máximo poder chamá-las de amigas, colegas e companheiras de trabalho. E compartilho do mesmo compromisso devotado que vocês têm com o rigor científico. Também agradeço a vários outros colegas acadêmicos do mundo inteiro, que fazem avançar os estudos e a aplicação prática da inteligência cultural em novas fronteiras.

Christina Parisi, obrigado por mais essa publicação. Você e toda a equipe da AMACOM são uma maravilha para se trabalhar. E o fato de você incorporar pessoalmente as ideias deste livro é muito gratificante para mim.

## 252 | VANTAGENS DA INTELIGÊNCIA CULTURAL

Andrew e Lynn, Tandy, Steve, Jen, Rob e Kristen — obrigado por confortar minha alma e acreditarem em mim, independente do sucesso que tiver este livro.

Linda, Emily e Grace: só o amor de vocês já seria suficiente. Mas o fato de me acompanharem com tanta animação na tentativa de transformar o mundo em um lugar melhor é uma bênção. Amo vocês.

# Recursos

## DO CULTURAL INTELLIGENCE CENTER, LLC

O Cultural Intelligence Center (CQC) é dedicado a avaliar e desenvolver a inteligência cultural no mundo inteiro.

- **Avaliações de IC:** O CQC oferece uma ampla gama de avaliações sob medida para aferir e aprimorar a IC. Entre as opções atuais estão o *CQ Multi-Rater Assessment* (360°) [Avaliação Múltipla de IC] e avaliações de IC desenvolvidas especificamente para ambientes de trabalho, de estudo, viagens ao exterior, missões de curta duração, trabalhos religiosos e para grupos de faixas etárias específicas. O CQC também oferece o *Individual Cultural Values Inventory* [Relatório de Valores Culturais Pessoais].
- **Programas de certificação em IC:** Obtenha o certificado para usar o *CQ Multi-Rater Assessment* (360°) na sua empresa ou como consultor.
- **Pesquisa de IC:** O CQC realiza pesquisas regulares sobre inteligência cultural e está sempre interessado em colaborar com outros pesquisadores do ramo.

## 254 | VANTAGENS DA INTELIGÊNCIA CULTURAL

- **Consultoria e treinamento em IC:** O CQC oferece workshops abertos ao público e trabalha com organizações que fornecem consultas e treinamentos sob medida para empregados e clientes.

\* \* \*

Para mais informações, visite o site www.CulturalQ.com.

**best.business**

Este livro foi composto na tipologia Palatino LT Std Roman,
em corpo 10,5/15, e impresso em papel off-white no Sistema
Cameron da Divisão Gráfica da Distribuidora Record.